DE
L'EGALITÉ
DES DEUX
SEXES,
DISCOURS
PHISIQUE
ET MORAL,

Où l'on voit l'importance de se défaire
des Préjugez.

SECONDE EDITION.

A PARIS,

Chez ANTOINE DEZALLIER, ruë
S. Jacques, à la Couronne d'or.

M. DC. LXXIX.

AVEC PRIVILEGE DU ROY.

PREFACE

CONTENANT LE PLAN,
& le but de ce discours.

IL n'y a rien de plus dé-
licat que de s'expliquer
sur le sujet des Femmes.
Quand un homme parle à
leur avantage, l'on s'imagine aussi-tost que c'est par
galanterie ou par amour :
& il y a grande apparence
que la pluspart jugeant de
ce discours par le Titre,
croiront d'abord qu'il est
l'effet de l'un ou de l'autre, & seront bien-aises
d'en sçavoir au vray le

a

motif & le deſſein. Le voi-
cy.

La plus heureuſe penſée
qui puiſſe venir à ceux qui
travaillent à acquerir une
ſcience ſolide, aprés avoir
eſté inſtruits ſelon la Methode vulgaire, c'eſt de
douter ſi on les a bien en-
ſeignez, & de vouloir dé-
couvrir la verité par eux-
mêmes.

Dans le progrez de leur
recherche, il leur arrive
neceſſairement de remar-
quer que nous ſommes
remplis de préjugez *, &
qu'il faut y renoncer abſolument, pour avoir des
connoiſſances claires & diſtinctes.

* C'eſt à dire de ju-gemẽs por-tez ſur les choſes ſans les avoir é-xaminées.

PREFACE.

Dans le dessein d'insi-
nuër une Maxime si impor-
tante, l'on a crû que le
meilleur estoit de choisir
un sujet déterminé & écla-
tant, où chacun prist interest; afin qu'aprés avoir
démontré qu'un sentiment
aussi ancien que le Monde,
aussi étendu que la Terre,
& aussi universel que le
Genre humain, est un pré-
jugé ou une erreur, les
Sçavans puissent estre enfin convaincus de la necessité qu'il y a de juger des
choses par soy-même,
aprés les avoir bien exa-
minées, & de ne s'en point
rapporter à l'opinion ny à
la bonne foy des autres

hommes, si l'on veut éviter d'estre trompé.

D E tous les Préjugez, on n'en a point remarqué de plus propre à ce dessein que celuy qu'on a communément sur l'Inégalité des deux Sexes.

E N effet, si on les considere en l'état où ils sont à présent, on observe qu'ils sont plus differens dans les fonctions Civiles, & qui dépendent de l'Esprit, que dans celles qui appartiennent au Corps. Et si on en cherche la raison dans les Discours ordinaires, on trouve que tout le Monde, ceux qui ont de l'étude, & ceux qui n'en ont point, & les Femmes même s'accordent à dire qu'elles n'ont point de part aux Sciences ny aux Emplois, parce qu'elles n'en font pas capables; qu'elles ont moins d'Esprit que les hommes, & qu'elles leur doivent estre inferieures en tout comme elles font.

APRES avoir examiné *Regle de verité.* cette Opinion, suivant la regle de verité, qui est de n'admettre rien pour vray qui ne foit appuyé fur des idées claires & diftinctes; d'un cofté elle a paru fauffe, & fondée fur un Préjugé, & fur une Tradition populaire; & de l'autre on a trouvé que les deux

à iiij

PREFACE.

Sexes sont égaux : c'est à dire, que les femmes sont aussi Nobles, aussi parfaites, & aussi capables que les hommes. Cela ne peut estre étably qu'en refutant deux sortes d'Aversaires, le Vulgaire, & presque tous les Sçavans.

Le premier n'ayant pour fondement de ce qu'il croit, que la Coûtume & de legeres apparences, il semble qu'on ne le peut mieux combattre qu'en lui faisant voir comment les Femmes ont esté assujetties & excluës des Sciences & des Emplois ; & aprés l'avoir conduit par les états & les rencontres principales de la vie, luy donner lieu de reconnoî- tre qu'elles ont des avanta- ges qui les rendent égales aux hommes ; & c'eft ce que comprend la premiere partie de ce Traité.

La feconde eft employée à montrer que les preuves des Sçavans font toutes vaines. Et aprés avoir éta- bly le fentiment de l'Ega- lité, par des raifons pofiti- ves, on juftifie les Femmes des défauts dont on les ac- cufe ordinairement, en fai- fant voir qu'ils font imagi- naires ou peu importans, qu'ils viennent uniquemēt de l'Education qu'on leur donne, & qu'ils marquent

en elles des avantages con-
siderables.

CE sujet pouvoit estre
traitté en deux façons, ou
galamment, c'est à dire,
d'une maniere enjoüée &
fleurie, ou bien en Philosophe & par principes, afin
d'en instruire à fond.

CEUX qui ont une idée
juste de la veritable Eloquence, sçavent bien que
ces deux manieres font
presque inalliables, &
qu'on ne peut gueres éclai-
rer l'Esprit & l'égayer par
la même voye. Ce n'est
pas qu'on ne puisse joindre
la fleurette avec la raison;
mais ce mélange empéche
souvent la fin qu'on se doit

propoſer dans les diſcours,
qui eſt de convaincre & de
perſuader ; ce qu'il y a d'a-
greable amuſant l'Eſprit,
& ne luy permettant pas
de s'arréter au ſolide.

Et comme l'on a pour
les Femmes des regards
particuliers, ſi dans un ouvrage fait ſur leur ſujet ,
on méle quelque choſe de
galant, ceux qui le liſent
pouſſent leurs penſées trop
loin , & perdent de veuë
ce qui les devroit occuper.

C'est pourquoy n'y ayant
rien qui regarde plus les
Femmes que ce deſſein, où
l'on eſt obligé de dire en
leur faveur ce qu'il y a de
plus fort & de vray, autant

que la Bizarrerie du Monde le peut ſouffrir , on a crû qu'il faloit parler ſerieuſement & en avertir, de peur que la penſée que ce ſeroit un ouvrage de galanterie ne le faſſe paſſer legerement , ou rejetter par les perſonnes ſcrupuleuſes.

L'on n'ignore pas que ce diſcours fera beaucoup de mécontens,& que ceux dont les intereſts & les maximes ſont contraires à ce qu'on avance icy,ne manqueront pas de crier contre. Pour donner moyen de répondre à leurs plaintes, l'on avertit les perſonnes d'Eſprit, & particulie-

rement les Femmes qui ne
font point la Dupe de ceux
qui prennent authorité fur
elles, que fi elles fe donnent la peine de lire ce
Traitté, avec l'attention
que merite au moins la va-
rieté des matieres qui y
font, elles remarqueront
que le Caractere effentiel
de la verité, c'eft la clarté
& l'évidence. Ce qui leur
pourra fervir à recōnoître
fi les objections qu'on leur
apportera font confidera-
bles ou non. Et elles pourront remarquer que les
plus fpecieufes leur feront
faites par des gens que leur
profeffion femble engager
aujourd'huy à renoncer à

PREFACE.

l'experience , au bon sens & à eux mêmes , pour embrasser aveuglément tout ce qui s'accorde avec leurs préjugez & leurs interests, & à combattre toutes sortes de veritez qui semblent les attaquer.

Et l'on prie de considerer que les mauvais effets qu'une terreur Panique leur feroit apprehender de cette entreprise, n'arriverōt peut-estre pas à l'égard d'une seule femme, & qu'ils sont contre-pesez par un grand bien qui en peut revenir ; n'y ayant peut-estre pas de voye plus naturelle ny plus sure pour tirer la pluspart des Femmes de

l'oifiveté où elles font re-
duites, & des inconveniës
qui la fuivent que de les
porter à l'étude, qui eſt
preſque la feule choſe à
quoy les Dames puiſſent à
prefent s'occuper, en leur
faiſant connoiſtre qu'elles
y font auſſi propres que les
hommes.

Et comme il n'y a que
ceux qui ne font pas raiſõ-
nables qui abuſent au préjudice des Femmes des
avantages que leur donne
la Coûtume, Il ne pour-
roit y avoir auſſi que des
Femmes peu judicieuſes,
qui ſe ferviſſent de cét ouvrage pour s'élever contre
les hommes, qui les traitte-

roient comme leurs égales
ou leurs compagnes. Enfin
si quelqu'un se choque de
ce Discours pour quelque
cause que ce soit, qu'il s'en
prenne à la verité & non à
l'Autheur : & pour s'exempter de chagrin qu'il se di-
se à luy-même, que ce n'est
qu'un jeu d'Esprit : Il est
certain que ce tour d'Imagination ou un semblable,
empéchant la verité d'a-
voir prise sur nous, la rend
de beaucoup moins incom-
mode à ceux qui ont peine
à la souffrir.

DE

DE
LE GALITÉ
DES DEUX
SEXES.

PREMIERE PARTIE,

Où l'on montre que l'opinion vulgaire est un préjugé, & qu'en comparant sans interest ce que l'on peut remarquer dans la conduite des hommes & des femmes, on est obligé de reconnoistre entre les deux Sexes une égalité entiere.

LES hommes sont persuadez d'une infinité de choses dont ils ne sçauroient rendre raison; parce que

A

leur persuasion n'est fondée que sur de legeres apparences, ausquelles ils se sont laissez emporter; & ils eussent crû aussi fortement le contraire, si les impressions des sens ou de la coûtume les y eussent déterminez de la mesme façon.

Hors un petit nombre de sçavans, tout le monde tient comme une chose indubitable, que c'est le Soleil qui se meut au tour de la terre : quoy que ce qui paroist dans la revolution des jours & des années, porte également ceux qui y font attention, à penser que c'est la terre qui se meut au tour du Soleil. L'on s'imagine qu'il y a dans les bestes quelque connoissance qui les conduit, par la méme raison que les Sauvages se figurent qu'il y a un petit demon dans les horloges & dans les machines qu'on leur monstre;

dont ils ne connoiſſent point la fabrique ni les reſſorts.

Si l'on nous avoit élevez au milieu des mers, ſans jamais nous faire approcher de la terre, nous n'euſſions pas manqué de croire en changeant de place ſur un vaiſ-ſeau, que ç'euſſent eſté les riva-ges qui ſe fuſſent éloignez de nous, comme le croyent les enfans au départ des bateaux. Chacun eſtime que ſon païs eſt le meil-leur, parce qu'il y eſt plus accoû-tumé ; & que la religion dans la-quelle il a eſté nourri, eſt la veri-table qu'il faut ſuivre, quoy qu'il n'ait peut-eſtre jamais ſongé à l'examiner ni à la comparer avec les autres. On ſe ſent toûjours plus porté pour ſes compatriotes que pour les étrangers, dans les affaires où le droit meſme eſt pour ceux-cy. Nous nous plai-ſons davantage avec ceux de nôtre profeſſion, encore qu'ils ayent moins d'eſprit & de vertu. Et l'inégalité des biens & des conditions fait juger à beaucoup de gens que les hommes ne ſont point égaux entr'eux.

Si on cherche ſurquoy ſont fondées toutes ces opinions diverſes, on trouvera qu'elles ne le ſont que ſur l'intereſt, ou ſur la coûtume ; & qu'il eſt incomparablement plus difficile de tirer les hommes des ſentimens où ils ne ſont que par préjugé, que de ceux qu'ils ont embraſſez par le motif des raiſons qui leur ont paru les plus convaincantes & les plus fortes.

L'on peut mettre au nombre de ces jugemens celuy qu'on porte vulgairement ſur la difference des deux Sexes, & ſur tout ce qui en dépend. Il n'y en a point de plus ancien ni de plus univerſel. Les

ſçavans & les ignorans ſont tellement prévenus de la penſée que
les femmes ſont inferieures aux
hommes en capacité & en merite,
& qu'elles doivent eſtre dans la
dépendance où nous les voyons,
qu'on ne manquera pas de regarder le ſentiment contraire comme
un paradoxe * ſingulier.

CEPENDANT il ne ſeroit pas
neceſſaire pour l'établir, d'employer aucune raiſon poſitive, ſi
les hommes eſtoient plus équitables & moins intereſſez dans leurs
jugemens. Il ſuffiroit de les avertir qu'on n'a parlé juſqu'à preſent
qu'à la legere de la difference des
deux Sexes, au déſavantage des
femmes ; & que pour juger ſaine-
ment ſi le noſtre a quelque préé-
minence naturelle par deſſus le
leur, il faut y penſer ſerieuſement
& ſans intereſt, renonçant à ce
qu'on en a crû ſur le ſimple

*Ce qu'il
faut faire
pour bien
juger des
choſes.*

A iij

rapport d'autruy , & fans l'avoir
examiné.

I l eſt certain qu'un homme qui ſe mettroit en cét état
d'indifférence & de deſintereſ-
ſement, reconnoiſtroit d'une part
que c'eſt le peu de lumiere &
la précipitation qui font tenir
que les femmes ſont moins nobles & moins excellentes que
nous : & que c'eſt quelques in-
diſpoſitions naturelles , qui les
rendent ſujettes aux deffauts &
aux imperfections qu'on leur attribuë & mépriſables à tant de
gens. Et de l'autre part, il verroit que les apparences mémes
qui trompent le peuple ſur leur
ſujet , lorſqu'il les paſſe legerement, ſerviroient à le détromper
s'il les approfondiſſoit un peu.
Enfin, ſi cét homme eſtoit Phi-
loſophe , il trouveroit qu'il y a
des raiſons Phiſiques qui prou-

vent invinciblement que les deux
Sexes sont égaux pour le corps &
pour l'esprit.

MAIS comme il n'y a pas beaucoup de personnes en estat de pratiquer eux seuls cét avis, il demeureroit inutile, si on ne pre-
noit la peine de travailler avec
eux pour les aider à s'en servir : &
parce que l'opinion de ceux qui
n'ont point d'étude est la plus generale, c'est par elle qu'il faut
commencer nostre examen.

SI l'on demande à chaque
homme en particulier ce qu'il
pense des femmes en general, &
qu'il le veüille avoüer sincere-
ment, il dira sans doute qu'elles
ne sont faites que pour nous, & *Ce que les*
hommes
qu'elles ne sont gueres propres *croyent des*
femmes.
qu'à élever les enfans dans leur
bas âge, & à prendre le soin du
ménage. Peut-estre que les plus
spirituels ajoûteroient qu'il y a

A iiij

beaucoup de femmes qui ont de
l'esprit & de la conduite ; mais
que si l'on examine de prés celles
qui en ont le plus, on y trouvera
toûjours quelque chose qui sent
leur Sexe : qu'elles n'ont ny fermeté ni arrest, ni le fond d'esprit
qu'ils croient reconnoistre dans le
leur, & que c'est un effet de la
providence divine & de la sagesse
des hommes, de leur avoir fermé
l'entrée des sciences, du gouvernement, & des emplois : que ce
seroit une chose plaisante de voir
une femme enseigner dans une
chaire, l'éloquence ou la medecine
en qualité de professeur : marcher
par les ruës, suivie de Commissai-
res & de Sergens pour y mettre la
police : haranguer devant les Juges en qualité d'Avocat : estre
assise sur un Tribunal pour y rendre Justice, à la teste d'un Parlement : conduire une armée, livrer

une bataille : & parler devant les Republiques ou les Princes com- me Chef d'une Ambassade.

J'A v o ü e que cét usage nous surprendroit : mais ce ne seroit que par la raison de la nouveauté. Si en formant les états & en éta- blissant les differens emplois qui les composent, on y avoit aussi appellé les femmes, nous serions accoûtumez à les y voir, comme elles le sont à nostre égard. Et nous ne trouverions pas plus é- trange de les voir sur les Fleurs de Lys, que dans les boutiques.

S i on pousse un peu les gens, on trouvera que leurs plus fortes raisons se reduisent à dire que les choses ont toûjours esté comme elles sont, à l'égard des femmes : ce qui est une marque qu'elles doivent estre de la sorte : & que si elles avoient esté capables des sciences & des emplois, le s hommes les y auroient admifes avec eux.

Fauſſe idée de la coûtume.

CES raiſonnemens viennent de l'opinion qu'on a de l'équité de noftre Sexe, & d'une fauſſe idée que l'on s'eſt forgée de la coûtume. C'eſt aſſez de la trouver établie, pour croire qu'elle eſt bien fondée. Et comme l'on juge que les hommes ne doivent rien faire que par raiſon, la pluſpart ne peuvent s'imaginer qu'elle n'ait pas eſté conſultée pour introduire les pratiques qu'ils voyent ſi univerſellement reçuës ; & l'on ſe figure, que c'eſt la raiſon & la prudence qui les ont faites, à cauſe que l'une & l'autre obligent de s'y conformer lorſqu'on ne peut ſe diſpenſer de les ſuivre, ſans qu'il arrive quelque trouble.

CHACUN void en ſon païs les femmes dans une telle ſujettion, qu'elles dépendent des hommes en tout ; fans entrée dans les fciences, ny dans aucun des états qui donnent lieu de fe fignaler par les avantages de l'efprit. Nul ne rapporte qu'il ait veu les chofes autrement à leur égard. On fçait auffi qu'elles ont toûjours efté de la forte, & qu'il n'y a point d'endroit de la terre où on ne les traitte comme dans le lieu où l'on eft. Il y en a méme où on les regarde comme des efclaves. A la Chine on leur tient les pieds petits dés leur enfance, pour les empefcher de fortir de leurs maifons, où elles ne voyent prefque jamais que leurs maris & leurs enfans. En Turquie les Dames font refferrées d'auffi prés. Elles ne font gueres mieux en Italie, Quafi tous les peuples d'Afie, de l'Afrique, & de l'Amerique ufent de leurs femmes, comme on fait icy des fervantes. Par tout on ne les oc-

Pourquoy on croit les femmes inferieures aux hommes.

cupe que de ce que l'on confidere comme bas ; & parce qu'il n'y a qu'elles qui fe mêlent des menus foins du ménage & des enfans, l'on fe perfuade communément qu'elles ne font au monde que pour cela, & qu'elles font incapables de tout le refte. On a de la peine à fe reprefenter comment les chofes pourroient eftre bien d'une autre façon ; & il paroift même qu'on ne les pourroit jamais changer, quelque effort que l'on fift.

Les plus fages Legiflateurs, en fondant leurs Republiques n'ont rien étably qui fuft favorable aux femmes pour ce regard. Toutes les Loix femblent n'avoir efté faites que pour maintenir les hommes dans la poffeffion où ils font. Prefque tout ce qu'il y a eu de gens qui ont paffé pour fçavans & qui ont parlé des femmes, n'ont rien dit à leur avantage : & l'on trouve la conduite des hommes si uniforme à leur endroit, dans tous les siecles & par toute la terre, qu'il semble qu'ils y sont entrez de concert, ou bien, comme plusieurs s'imaginent, qu'ils ont esté portez à en user de la sorte, par un instinct secret ; c'est-à-dire, par un ordre general de l'Autheur de la nature.

On se le persuade encore davantage en considerant de quelle façon les femmes mêmes supportent leur condition. Elles la regardent comme leur estant naturelle. Soit qu'elles ne pensent point à ce qu'elles sont, soit que naissant & croissant dans la dépendance, elles la considerent de la même maniere que font les hommes. Sur toutes ces veuës, les unes & les autres se portent à croire, & que leurs esprits font auſſi differens que leurs corps, & qu'il doit y avoir entre les deux Sexes, autant de diſtinction, dans toutes les fonctions de la vie, qu'il y en a entre celles qui leur ſont particulieres. Cependant cette perſuaſion comme la pluſpart de celles que nous avons ſur les coûtumes & ſur les uſages n'eſt qu'un pur préjugé, que nous formons ſur l'apparence des choſes, faute de les examiner de prés, & dont nous nous détromperions, ſi nous pouvions nous donner la peine de remonter juſqu'à la ſource, & juger en beaucoup de rencontres de ce qui s'eſt fait autrefois, par ce qui ſe fait aujourd'huy, & des Coûtumes Anciennes par celles que nous voyons s'établir de noſtre temps. Si on avoit ſuivi cette regle, en une infinité de jugemens ; on ne ſeroit pas tombé en

Comment il faut juger des Coûtumes Anciennes.

tant de méprifes : & dans ce qui concerne la condition prefente des femmes, on auroit reconnu qu'elles n'ont efté affujetties que par la Loy du plus fort, & que ce n'a pas efté faute de capacité naturelle ni de merite qu'elles n'ont point partagé avec nous, ce qui éleve noftre Sexe au deffus du leur.

EN effet quand on confidere fincerement les chofes humaines dans le paffé & dans le prefent, on trouve qu'elles font toutes femblables en un point, qui eft que la raifon a toûjours efté la plus foible : & il femble que tou- tes les hiftoires n'ayent efté fai- tes, que pour montrer ce que cha- cun void de fon temps, que de- puis qu'il y a des hommes, la for- ce a toûjours prévalu. Les plus grands empires de l'Afie ont efté dans leur commencement l'ou-

Comment en s'eft toû- jours gou- verné.

vrage des ufurpateurs & des bri-
gands: & les débris de la monar-
chie des Grecs & des Romains ,
n'ont efté recüeillis que par des
gens qui fe crurent affez forts
pour refifter à leurs maiftres &
pour dominer fur leurs égaux.
Cette conduite n'eft pas moins
vifible dans toutes les focietez :
& fi les hommes en ufent ainfi à
l'égard de leurs pareils, il y a
grande apparence qu'ils l'ont fait
d'abord à plus forte raifon, chacun à l'égard de fa femme. Voi-
cy à peu prés comment cela eft
arrivé.

*Conjecture
hiftorique.*

LES hommes remarquant qu'ils
eftoient les plus robuftes , & que
dans le rapport du Sexe ils a-
voient quelqu'avantage de corps ,
fe figurerent qu'il leur appartenoit en tout. La confequence
n'eftoit pas grande pour les femmes au commencement du monde

*Comment
les hommes
fe font ren-
dus les
maiftres.*

de. Les chofes eftoient dans un état tres-different d'aujourd'huy, il n'y avoit point encore de gouvernement, de fcience, d'employ, ny de religion établie : Et les idées de dépendance n'avoient rien du tout de fâcheux. Je m'imagine qu'on vivoit alors comme des enfans, & que tout l'avantage eftoit comme celuy du jeu : les hommes & les femmes qui eftoient alors fimples & innocens, s'employoient également à la culture de la terre ou à la chaffe comme font encore les fauvages. L'homme alloit de fon cofté & la femme alloit du fien ; celuy qui apportoit davantage eftoit auffi le plus eftimé.

Les incommoditez & les fuites de la groffeffe diminuant les forces des femmes durant quelqu'intervalle, & les empefchant de travailler comme auparavant,

B

l'affiſtance de leurs maris leur
devenoit abſolument neceſſaire,
& encore plus lorſqu'elles a-
voient des enfans. Tout ſe termi-
noit à quelques regards d'eſtime
& de preference, pendant que les
familles ne furent compoſées que
du pere & de la mere avec quelques petits enfans. Mais lors
qu'elles ſe furent aggrandies, &
qu'il y eut en une meſme maiſon,
le pere & la mere du pere, les enfans des enfans, avec des freres
& des ſœurs, des ainez & des cadets; la dépendence s'étendit, &
devint ainſi plus ſenſible. On vid
la maiſtreſſe ſe ſoûmettre à ſon
mary, le fils honorer le pere, celuy-cy commander à ſes enfans:
& comme il eſt tres-difficile que
les freres s'accordent toûjours
parfaitement, on peut juger qu'ils
ne furent pas long-temps enſemble, qu'il n'arrivaſt entr'eux quel-

que different. L'aîné plus fort que les autres, ne leur voulut rien ceder. La force obligea les petits de ployer fous les plus grands. Et les filles fuivirent l'exemple de leur mere.

Il eſt aifé de s'imaginer qu'il y eut alors dans les maiſons plus de fonctions differentes ; que les femmes obligées d'y demeurer pour élever leurs enfans, prirent le foin du dedans : que les hommes eſtant plus libres & plus robuſtes ſe chargerent du dehors, & qu'aprés la mort du pere & de la mere, l'aîné voulut dominer. Les filles accoûtumées à demeurer au logis, ne penferent point à en fortir. Quelques cadets mécontens & plus fiers que les autres refufant de prendre le joug, furent obligez de ſe retirer & de faire bande à part. Plufieurs de meſme humeur s'eſtant rencon-

trez s'entretinrent de leur for tu
ne, & firent aifement amitié : &
fe voyans tous fans bien, cher-
cherent les moyens d'en acquerir.
Comme il n'y en avoit point d'autre que de prendre celuy d'autruy,
ils fe jetterent fur celuy qui eftoit
le plus en main ; & pour le conferver plus furement, fe faifirent
en même temps des maiftres aufquels il appartenoit.

La dépendance volontaire qui
eftoit dans les familles ceffa par
cette invafion. Les peres & les
meres furent contraints d'obeïr,
avec leurs enfans à un injufte
ufurpateur : & la condition des
femmes en devint plus facheufe
qu'auparavant. Car au lieu qu'elles n'avoient époufé jufque-là
que des gens de leur famille qui
les traittoient comme fœurs ; elles
furent aprés cela contraintes de
prendre pour maris des étrangers

inconnus qui ne les considererent que comme le plus beau du butin.

C e s t l'ordinaire des vainqueurs de méprifer ceux d'entre les vaincus , qu'ils eftiment les plus foibles. Et les femmes le paroiffant , à caufe de leurs fonctions qui demandoient moins de force , furent regardées comme étant inferieures aux hommes.

Pourquoy les femmes n'ont point eu de part aux premiers emplois.

Q u e l q u e s uns fe contenterent d'une premiere ufurpation: mais d'autres plus ambitieux , encouragez par le fuccés de la victoire voulurent pouffer plus loin leurs conqueftes. Les femmes eftant trop humaines pour fervir à ces injuftes deffeins , on les laiffa au logis : & les hommes furent choifis comme eftant plus propres aux entreprifes où l'on a befoin de force. En cét eftat l'on n'eftimoit les chofes qu'autant qu'on les croyoit utiles à la fin qu'on fe proposoit ; & le desir de dominer estant devenu une des plus fortes passions, & ne pouvant estre satisfait que par la violence & l'injustice, il ne faut pas s'estonner que les hommes en ayant esté seuls les instruments, ayent esté preferez aux femmes. Ils servirent à retenir les conquestes qu'ils avoient faites: on ne prit que leurs conseils pour establir la tyrannie, parce qu'il n'y avoit qu'eux qui les pussent executer : & de cette sorte la douceur & l'humanité des femmes fut cause qu'elles n'eurent point de part au gouvernement des Etats.

L'EXEMPLE des Princes fut bien-tost imité par leurs Sujets. Chacun voulut l'emporter sur son compagnon : Et les particuliers commencerent à dominer plus absolument sur leurs familles. Lors qu'un Seigneur se vid maistre

d'un Peuple & d'un Païs confiderable, il en forma un Royaume ;
Il fit des loix pour le gouverner,
prit des Officiers entre les hommes, & efleva aux Charges ceux
qui l'avoient mieux fervy dans fes
entreprifes. Une preferance fi
notable d'un fexe à l'autre fit que
les femmes furent encore moins
confiderées : & leur humeur &
leurs fonctions les éloignant du
carnage & de la guerre, on crut
qu'elles n'eftoient capables de
contribuer à la confervation des
Royaumes, qu'en aidant à les
peupler.

L'ÉTABLISSEMENT des Etats
ne fe pût faire fans mettre de la
diftinction entre ceux qui les
compofoient. L'on introduifit des
marques d'honneur, qui fervirent
à les difcerner ; & on inventa des
fignes de refpect pour témoigner
la difference qu'on reconnoif-

foit entre eux. On joignit ainfi à l'idée de la puiffance la foûmiffion exterieure, que l'on rend à ceux qui ont l'authorité entre les mains.

IL n'eft pas neceffaire de dire icy comment Dieu a efté connu des hommes : mais il eft conftant qu'il en a efté adoré depuis le commencement du monde. Pour le culte qu'on luy a rendu, il n'a efté regulier que depuis qu'on s'eft affemblé pour faire des Societez publiques. Comme l'on eftoit accoûtumé à reverer les Puiffances par des marques de refpect, on crût qu'il falloit auffi honnorer Dieu par quelques ceremonies, qui ferviffent à témoigner les fentimens qu'on avoit de fa grandeur. On baftit des Temples ; on inftitua des Sacrifices : & les hommes qui eftoient déja les maiftres du Gouvernement

Comment les femmes n'ont point eu de part aux miniſteres de la religion parmy les Payens.

ne

ne manquerent pas de s'emparer
encore du foin de ce qui concer-
noit la Religion : & la coûtume
ayant déja prévenu les femmes,
que tout appartenoit aux hommes, elles ne demanderent point
d'avoir part au miniftere. L'idée
qu'on avoit de Dieu s'eftant ex-
trémement corrompuë par les fables & par les fictions poëtiques ;
l'on fe forgea des Divinitez mâles, & femelles : & l'on inftitua
des Preftreffes pour le fervice de
celles de leur fexe ; mais ce ne fut
que fous la conduite & fous le
bon plaifir des Preftres.

L'on a veu auffi quelquesfois
des femmes gouverner de grands
Eftats : mais il ne faut pas pour
cela s'imaginer, que c'eft qu'elles y euffent efté appellées, par
efprit de reftitution ; c'eft qu'elles avoient eu l'adreffe de difpofer les affaires de forte qu'on

C

ne pouvoit leur oster l'authorité d'entre les mains. Il y a aujourd'huy des Etats hereditaires où les femelles succedent aux mâles, pour estre Reines ou Princesses ; mais il y a sujet de croire, que si on a laissé d'abord tomber ces Royaumes-là en quenoüille, ce n'a esté que pour éviter de tomber en guerre civile : & si l'on a permis les Regences, on ne l'a fait que dans la pensée que les meres, qui aiment toûjours extraordinairement leurs enfans, prendroient un soin particulier de leurs Etats, pendant leur minorité.

Pourquoy elles n'ont point eu de part aux sciences. AINSI les femmes n'ayant eu à faire que leur ménage, & y trouvant assez dequoy s'occuper, il ne faut pas s'étonner qu'elles n'ayent point inventé de sciences, dont la pluspart n'ont esté d'abord, que l'ouvrage & l'oc-

cupation des oyſifs & des fai-
neants. Les Preſtres des Egy-
ptiens qui n'avoient pas grand'
choſe à faire, s'amuſoient enſemble à parler des effets de la
nature, qui les touchoient davantage. A force de raiſonner,
ils firent des obſervations dont le
bruit excita la curioſité de quelques hommes qui les vinrent re-
chercher. Les ſciences n'eſtant
encore qu'au berceau, ne tire-
rent point les femmes de leurs
maiſons ; outre que la jalouſie
qui broüilloit déja les maris,
leur eût fait croire qu'elles euſſent eſté viſiter les Preſtres plûtoſt pour l'amour de leur perſonne, que des connoiſſances
qu'ils avoient.

Lorsque pluſieurs en furent
imbus, ils s'aſſemblerent en certains lieux pour en parler plus à
leur aiſe. Chacun diſant ſes pen-

sées, les sciences se perfectionne-
rent. On fit des Academies, où
l'on n'appella point les femmes ;
& elles furent de cette sorte excluës des sciences, commes elles
l'étoient du reste.

La contrainte dans laquelle on
les retenoit, n'empécha pas que
quelques-unes n'eussent l'entretien ou les écrits des sçavants :
elles égalerent en peu de temps
les plus habiles : & comme on
s'estoit déja forgé une bien-séance importune, les hommes n'o-
sant venir chez elles, ny les autres femmes s'y trouver, de peur
qu'on n'en prist ombrage, elles
ne firent point de disciples ny de
sectateurs, & tout ce qu'elles
avoient acquis de lumiere mou-
roit inutilement avec elles.

Si l'on observe comment les
modes s'introduisent & s'embel-
lissent de jour en jour, on juge-

ra aifement qu'au commencement du monde, on ne s'en met-
toit gueres en peine. Tout y
eftoit fimple & groffier. On ne
fongeoit qu'au neceffaire. Les
hommes écorchoient des beftes,
& en attachant les peaux enfemble s'en adjuftoient des habits.
Le commode vint aprés : &
chacun s'habillant à fa guife,
les manieres qu'on trouva qui
feoient le mieux, ne furent point
negligées : & ceux qui eftoient
fous le mefme Prince ne manquerent pas de fe conformer à
luy.

Il n'en fut pas des modes comme du gouvernement & des fciences. Les femmes y eurent part
avec les hommes : & ceux-cy remarquant qu'elles en eftoient
plus belles, n'eurent garde de les
en priver : & les uns & les autres trouvant qu'on avoit meil-

pourquoy les femmes fe font jer-ties dans la bagatelle.

C iij

leure grace & qu'on plaisoit d'a-
vantage avec certains ajustemens,
les rechercherent à l'envy : mais
les occupations des hommes é-
tant plus grandes & plus importantes, les empécherent de s'y
appliquer si fort.

Les femmes montrerent en cela leur prudence & leur adresse.
S'appercevant que les ornemens
étrangers les faisoient regarder
des hommes avec plus de douceur, & qu'ainsi leur condition
en estoit plus supportable, elles
ne negligerent rien de ce qu'elles crûrent pouvoir servir à se
rendre plus aimables. Elles y em-
ployerent l'or, l'argent, & les
pierreries, aussi-tost qu'elles furent en vogue : & voyant que les
hommes leur avoient osté le
moyen de se signaler par l'esprit,
elles s'appliquerent uniquement
à ce qui pouvoit les faire paroî-

tre plus agreables. Elles s'en font depuis fort bien trouvées, & leurs ajuſtemens & leur beauté les ont fait conſiderer plus que n'auroient fait tous les livres & toute la ſcience du monde. La coûtume en eſtoit trop bien établie pour recevoir quelque changement dans la ſuite ; la pratique en a paſſé juſques à nous : & il ſemble que c'eſt une tradition trop ancienne pour y trouver quelque choſe à redire.

Il paroiſt manifeſtement par cette conjecture hiſtorique & conforme à la maniere d'agir ſi ordinaire à tous les hommes, que ce n'a eſté que par empire qu'ils ſe ſont reſervé les avantages exterieurs, auſquels les femmes n'ont point de part. Car afin de pouvoir dire que ç'a eſté par raiſon, il faudroit qu'ils ne les communiquaſſent entr'eux qu'à ceux qui en font les plus capables : qu'ils en fiffent le choix avec un jufte difcernement ; qu'ils n'admiffent à l'étude que ceux en qui ils auroient reconnu plus de difpofition pour les fciences ; qu'ils n'élevaffent aux emplois que ceux qui y feroient les plus propres, qu'on en excluft tous les autres, & qu'enfin on n'appliquaft chacun qu'aux chofes qui leur feroient les plus convenables.

Ce que devroient faire les hommes pour juftifier leur conduite à l'égard des femmes.

Nous voyons que c'eft le contraire qui fe pratique, & qu'il n'y a que le hazard, la neceffité, ou l'intereft, qui engage les hommes dans les états differens de la focieté civile. Les enfans apprennent le métier de leur pere, parce qu'on leur en a toûjours parlé. Tel eft contraint de prendre une robe, qui aimeroit mieux une épée, fi cela eftoit à fon choix;

Comment les hommes entrent dans les emplois.

& on seroit le plus habile homme du monde qu'on n'entrera jamais dans une charge, si l'on n'a pas dequoy l'acheter.

Combien y a-t-il de gens dans la poussiere, qui se fussent signalez si on les avoit un peu poussez ? Et de païsans qui seroient de grands docteurs si on les avoit mis à l'étude ? On seroit assez mal fondé de prétendre que les plus habiles gens d'aujourd'huy soient ceux de leur temps qui ont eu plus de disposition pour les choses en quoy ils éclatent ; & que dans un si grand nombre de personnes ensevelies dans l'ignorance, il n'y en a point qui avec les mesmes moyens qu'ils ont eu, se fussent rendu plus capables.

Surquoy donc peut-on assurer que les femmes y soient moins propres que nous, puisque ce n'eſt pas le hazard , mais une neceſſité inſurmontable , qui les empeſche d'y avoir part. Je ne ſoûtiens pas qu'elles ſoient toutes capables des ſciences & des emplois, ny que chacune le ſoit de tous : perſonne ne le prétend non plus des hommes ; mais je demande ſeulement qu'à prendre les deux Sexes en general, on reconnoiſſe dans l'un autant de diſpoſition que dans l'autre.

Compa-
raiſon des
jeunes en-
fans de
l'un & de
l'autre
Sexe.

QUE l'on regarde ſeulement ce qui ſe paſſe dans les petits divertiſſemens des enfans. Les filles y font paroiſtre plus de gentilleſſe, plus de genie, plus d'adreſſe ; lorſque la crainte ou la honte n'étouffent point leurs penſées, elles parlent d'une maniere plus ſpirituelle & plus agreable. Il y a dans leurs entretiens plus de vivacité, plus d'enjoüemens, & plus de liberté : elles appren-

nent bien plus vîte ce qu'on leur
enseigne ? quand on les applique
également : elles sont plus assi-
duës , & plus patientes au travail , plus soûmises , plus mode-
stes & plus retenuës. En un mot,
on remarque en elles dans un
degré plus parfait , toutes les qualitez excellentes , qui font juger
que les jeunes hommes en qui
elles se trouvent , sont plus propres aux grandes choses que leurs
égaux.

CEPENDANT , quoyque ce qui
paroist dans les deux Sexes , lors
qu'ils ne sont encore qu'au berceau , suffise déja pour faire juger que le plus beau donne aussi
plus de belles esperances , on n'y
a aucun égard. Les maistres &
les instructions ne sont que pour
les hommes : on prend un soin
tout particulier de les instruire de
tout ce qu'on croit le plus propre

à former l'esprit, pendant qu'on laisse languir les femmes, dans l'oisiveté, dans la molesse, & dans l'ignorance, ou remper dans les exercices les plus bas & les plus vils.

MAIS aussi, il ne faut que des yeux pour reconnoître, qu'il est en cela de deux Sexes, comme de deux freres dans une famille, ou le cadet fait voir souvent, nonobstant la negligence avec laquelle on l'éleve, que son aîné n'a pardessus luy que l'avantage d'estre venu le premier.

Que l'étude est inutile à la pluspart des hommes.

A QUOY sert ordinairement aux hommes l'éducation qu'on leur donne : elle est inutile à la pluspart pour la fin qu'on s'y propose : & elle n'empêche pas que beaucoup ne tombent dans le dé-reglement & dans le vice, & que d'autres ne demeurent toûjours ignorans, & même ne devien-

nent encore plus fots qu'ils n'é-
toient. S'ils avoient quelque
chofe d'honnefte, d'enjoüé, &
de civil, ils le perdent par l'étude. Tout les choque, & ils choquent tout ; on diroit qu'ils ne fe
feroient occupez durant leur jeu-
neffe, qu'à voyager dans un païs
où ils n'auroient frequenté que
des fauvages ; tant ils raportent
chez-eux de rudeffe & de groffie-
reté dans leurs manieres. Ce
qu'ils ont appris eft comme des
marchandifes de contrebande,
qu'ils n'oferoient, ou ne fçauroient
debiter : & s'ils veulent rentrer
dans le monde & y bien joüer
leur perfonnage, ils font obligez
d'aller à l'école des Dames, pour
y apprendre, la politeffe, la complaifance, & tout le dehors qui
fait aujourd'huy l'effentiel des
honneftes gens.

S i l'on confideroit cela de prés,

au lieu de méprifer les femmes, parce qu'elles n'ont pas de part aux fciences, on les en eftimeroit heureufes : puis que fi d'un cofté, elles font privées par là des moyens de faire valoir les talens, & les avantages qui leur font propres ; de l'autre cofté, elles n'ont pas l'occafion de les gâter ou de les perdre : & nonobftant cette privation, elles croiffent en vertu, en efprit & en bonne grace, à mefure qu'elles croiffent en âge : & fi l'on comparoit fans préjugé les jeunes hommes au fortir de leurs études, avec des femmes de leur âge, & d'un efprit proportionné, fans fçavoir comment les uns & les autres ont efté élevez, on croiroit qu'ils ont eu une éducation toute contraire.

L'extérieur feul, l'air du vifage, les regards, le marcher, la contenance, les geftes, ont dans

les femmes quelque chofe de po-
fé, de fage, & d'honnefte, qui
les diftingue affez des hommes.
Elles obfervent en tout exactement la bien-feance : on ne peut
eftre plus retenu qu'elles le font.
On n'entend point fortir de leur
bouche de paroles à double enten-
te. Les moindres équivoques blef-
fent leurs oreilles, & elles ne peuvent fouffrir la veuë de tout ce qui
choque la pudeur.

Difference des deux Sexes dans les manie-res.

L e commun des hommes a une
conduite toute oppofée. Leur
marcher eft fouvent precipité,
leurs geftes bizarres, leurs yeux
mal reglez : & ils ne fe divertiffent
jamais davantage, que lorfqu'ils
s'entretiennent & fe repaiffent
des chofes qu'il faudroit taire ou
cacher.

Q u e l'on faffe converfation
enfemble ou féparement avec les
femmes & avec ce qu'on appelle

Comparai-fon des fem-mes avec les fçavans

ſçavant dans le monde. On verra quelle différence il y a entre les uns & les autres. On diroit que ce que les hommes ſe mettent dans la teſte en étudiant ne ſert qu'à boucher leur eſprit, & à y porter la confuſion. Peu s'énoncent avec netteté ; & la peine qu'ils ont à arracher leurs paroles, fait perdre le gouſt à ce qu'ils peuvent dire de bon ; & à moins qu'ils ne ſoient fort ſpirituels, & avec des gens de leur ſorte, ils ne peuvent ſoûtenir une heure de converſation.

Les femmes, au contraire, diſent nettement & avec ordre ce qu'elles ſçavent : les paroles ne leur coûtent rien ; elles commencent & continüent comme il leur plaiſt ; & leur imagination fournit toûjours d'une maniere inépuiſable, lorſqu'elles ſont en liberté. Elles ont le don de proposer

poſer leurs ſentimens avec une
douceur & une complaiſance qui
ſervent autant que la raiſon à les
inſinüer : au lieu que les hommes
les propoſent ordinairement d'u-
ne maniere ſeche & dure.

Si l'on met quelque queſtion
ſur le tapis en preſence des femmes un peu éclairées ; elles en
découvrent bien plûtoſt le point
de veüe? Elles la regardent par
plus de faces : ce que l'on dit de
vray trouve plus de priſe dans
leur eſprit ; & quand on s'y connoiſt un peu , & qu'on ne leur
eſt point ſuſpect , on remarque
que les préjugez qu'elles ont, ne
ſont pas ſi forts que ceux des
hommes , & les mettent moins
en garde contre la verité qu'on
avance. Elles ſont éloignés e
l'eſprit de contradiction & de
diſpute, auquel les ſçavans ſont
ſi ſujets ; elles ne pointillent point

vainement fur les mots, & ne fe fervent point de ces termes fcientifiques & myfterieux, fi propres à couvrir l'ignorance, & tout ce qu'elles difent eft intelligible & fenfible.

J'AY pris plaifir à m'entretenir avec des femmes de toutes les conditions differentes, que j'ay peu rencontrer à la ville & aux champs, pour en découvrir le fort & le foible; & j'ay trouvé dans celles que la neceffité, ou le travail n'avoient point rendu ftupides, plus de bon fens, que dans la plufpart des ouvrages, qui font beaucoup eftimez parmy les fçavans vulgaires.

EN parlant de Dieu, pas une ne s'eft avifée de me dire, qu'elle *Opinion d'un grand Philofophe.* fe l'imaginoit, fous la forme d'un venerable vieillard. Elles difoient au contraire, qu'elles ne pouvoient fe l'imaginer, c'eft-à-dire,

se le reprefenter fous quelque idée
femblable aux hommes : qu'elles
concevoient qu'il y a un Dieu ;
parce qu'elles ne comprenoient
pas que ni elles ni ce qui les environne foient les ouvrages du hazard, ou de quelque creature : &
que la conduite de leurs affaires
n'eftant pas un effet de leur prudence, parce que le fuccez en venoit rarement par les voyes qu'elles avoient prifes, il faloit que ce
fût l'effet d'une providence divine.

QUAND je leur ay demandé
ce qu'elles penfoient de leur ame ;
elles ne m'ont pas répondu que
*c'eft une flamme fort fubtile, ou
la difpofition des organes de leur
corps, ny qu'elle foit capable de
s'étendre ou de fe refferrer :* elles
répondoient au contraire, qu'elles fentoient bien qu'elle eft di-
ftinguée de leurs corps , & qua

*Ce font des
opinions de
Philofo-
phes*

D ij

tout ce qu'elles en pouvoient dire de plus certain, c'eſt qu'elles ne croyoient pas qu'elle fuſt rien de ſemblable à aucune des choſes qu'elles appercevoient par les ſens; & que ſi elles avoient étudié, elles ſçauroient préciſément ce que c'eſt.

IL n'y a pas une garde qui s'a-viſe de dire comme les medecins, que leurs malades ſe portent mieux, parce que *la Faculté Co-ëtrice fait loüablement ſes fon-ctions* : & lors qu'elles voyent ſor-tir une ſi grande quantité de ſang par une veine, elles ſe raillent de ceux qui nient, qu'elle ait communication avec les autres par la circulation.

LORSQUE j'ay voulu ſçavoir pourquoy elles croyoient que les pierres expoſées au Soleil & aux pluyes du midy, s'uſent plûtoſt que celles qui ſont au Septentrion ; nulle n'a esté assez simple pour me répondre, *que cela vient de ce que la Lune les mord à bel-les dents*, comme se l'imagine assez plaisamment quelques Philosophes ; mais que c'est l'ardeur du Soleil qui les desséche : & que les pluïes survenant les détrempent plus facilement.

J'AY demandé tout exprés à plus de vingt, si elles ne croyoient pas *que Dieu puisse faire par une puissance obedientielle ou extraordinaire, qu'une pierre soit élevée à la vision beatifique :* mais je n'en ay pû tirer autre chose, sinon qu'elles croyoient que je me voulois moquer d'elles par cette demande. *Question de scolastique.*

LE plus grand fruit que l'on puisse esperer des sciences , c'est le discernement & la justesse pour distinguer ce qui est vray & évident, d'avec ce qui est faux & *Quel est le fruit des sciences.*

D iij

obscur, & pour éviter ainsi de tomber dans l'erreur, & la méprise. On est assez porté à croire que les hommes, au moins ceux qui passent pour sçavans, ont cét avantage pardessus les femmes. Neantmoins, si l'on a un peu de cette justesse dont je parle, on trouvera que c'est une des qualitez qui leur manque le plus. Car non seulement ils sont obscurs, & confus dans leurs discours, & ce n'est souvent que par cette qualité qu'ils dominent, & qu'ils s'attirent la creance des personnes simples & credules : mais même ils rejettent ce qui est clair & évident, & se raillent de ceux qui parlent d'une maniere claire & intelligible, comme estant trop facile & trop commune ; & sont les premiers à donner dans ce qu'on leur propose d'obscur, comme estant plus

myſterieux. Pour s'en convaincre il ne faut que les écouter, avec
un peu d'attention, & les obliger
de s'expliquer.

LES Femmes ont une diſpo- *Elles ont*
ſition bien éloignée de celle-là. *la juſteſſe*
On obſerve que celles qui ont *d'eſprit.*
un peu veu le monde, ne peu-
vent ſouffrir que leurs enfans
mêmes parlent Latin en leur preſence : Elles ſe défient des autres
qui le font : & diſent aſſez ſouvent qu'elles craignent, qu'il n'y
ait quelque impertinence cachée
ſous ces habillemens étrangers.
Non ſeulement on ne leur entend
point prononcer ces termes de
ſciences , qu'on appelle conſa-
crez : mais même elles ne ſçauroient les retenir , quoy qu'on
les repetaſt ſouvent, & qu'elles
ayent bonne memoire : & lorſqu'on leur parle obſcurement ,
elles avoüent de bonne foy qu'el-

les n'ont pas aſſez de lumiere ou d'eſprit pour entendre ce que l'on dit, ou bien elles reconnoiſſent que ceux qui leur parlent de la ſorte, ne ſont pas aſſez inſtruits.

Enfin ſi l'on conſidere de quelle façon les hommes & les femmes produiſent ce qu'ils ſçavent, on jugera que les uns ſont comme ces ouvriers qui travaillent aux Carrieres, & qui en tirent avec peine les pierres toutes brutes & toutes informes : & que les femmes ſont comme des Architectes ou des Lapidaires habiles, qui ſçavent polir & mettre aiſément en œuvre, & dans leur jour ce qu'elles ont entre les mains.

Non ſeulement on trouve un tres-grand nombre de femmes qui jugent auſſi-bien des choſes que ſi on leur avoit donné la meilleure éducation, ſans avoir

ny

ny les préjugez , ny les idées confufes , fi ordinaires aux fçavans ;
mais mémé on en voit beaucoup
qui ont le bon fens fi jufte, qu'elles parlent fur les objets des plus
belles fciences , comme fi elles
les avoient toûjours étudiées.

Elles s'énoncent avec grace.
Elles ont l'art de trouver les plus
beaux termes de l'ufage, & de faire plus comprendre en un mot,
que les hommes avec plufieurs :
& fi l'on s'entretient des Langues
en general , elles ont là-deffus
des penfées qui ne fe trouvent
que dans les plus habiles Gram-
mairiens. Enfin on remarque
qu'elles tirent plus de l'ufage feul
pour le langage, que la plufpart
des hommes ne font de l'ufage
joint à l'étude.

L'ELOQUENCE eft un tâlent
qui leur eft fi naturel & fi particulier , qu'on ne peut le leur dif-

*Elles fça-
vent l'art
de parler.*

*Elles fça-
vent l'élo-
quence.*

E

puter. Elles perfuadent tout ce qu'elles veulent. Elles fçavent accufer & deffendre fans avoir étudié les loix ; & il n'y a gueres de Juges qui n'ayent éprouvé, qu'elles valent des Avocats. Se peut - il rien de plus fort & de plus éloquent que les lettres de plufieurs Dames, fur tous les fujets qui entrent dans le commerce ordinaire, & principalement fur les paffions, dont le reffort fait toute la beauté & tout le fecret de l'éloquence. Elles les touchent d'une maniere fi délicate : & les expriment fi naïvement, qu'on eft obligé d'avoüer qu'on ne les fent pas autrement, & que toutes les Rhetoriques du monde ne peuvent donner aux hommes ce qui ne coûte rien aux femmes. Les pieces d'éloquence & de poëfie, les harangues, les predications & les difcours ne font point de trop haut goust pour elles; & rien ne manque à leurs critiques, que de les faire selon les termes & les regles de l'art.

JE m'attens bien que ce traité ne leur échapera pas non plus : que plusieurs y trouveront à redire : les unes qu'il n'est pas proportionné à la grandeur ny à la dignité du sujet : que le tour n'en est pas assez galant ; les manieres assez nobles ; les expressions assez fortes, ny assez élevées ; qu'il y a des endroits peu touchez ; qu'on pourroit y ajoûter d'autres remarques importantes : mais j'espere aussi que ma bonne volonté, & le dessein que j'ay pris de ne rien dire que de vray, & d'éviter les expressions trop fortes, pour ne point sentir le Roman, m'excuseront auprés d'elles.

ELLES ont encore cét avantage que l'éloquence de l'action est

Elles ont l'éloquence de l'action.

E ij

en elles bien plus vive, que dans les hommes. C'eſt aſſez de voir à leur mine qu'elles ont deſſein de toucher, pour ſe rendre à ce qu'elles veulent. Elles ont l'air noble & grand, le port libre & majeſtueux, le maintien honne-ſte, les geſtes naturels, les ma-nieres engageantes, la parole fa-cile, & la voix douce & flexible. La beauté & la bonne grace, qui accompagnent leurs diſcours, lorſqu'ils entrent dans l'eſprit, leur ouvrent la porte du cœur. Quand elles parlent du bien & du mal, on voit ſur leur viſa-ge ce caractere d'honneſteté, qui rend la perſuaſion plus for-te. Et lorſque c'eſt pour la ver-tu qu'elles veulent donner de l'a-mour, leur cœur paroîſt ſur leurs lévres; & l'idée qu'elles en ex-priment, revétuë des ornemens du diſcours & des graces qui leur

font si particulieres , en paroist
cent fois plus belle.

C'est un plaisir d'entendre
une femme qui se méle de plai-
der. Quelque embarras qu'il y
ait dans ses affaires, elle les dé-
broüille & les explique nettement. Elle expose précisément
ses pretentions & celles de sa
partie ; elle montre ce qui a donné lieu au procez, par quelles
voyes elle la conduit , les ressorts
qu'elle a fait joüer, & toutes les
procedures qu'elle a faites , &
l'on découvre parmy tout cela
une certaine capacité pour les affaires, que la pluspart des hommes n'ont point.

*Elles sça-
vent le
droit &
entendent
la prati-
que.*

C'est ce qui me fait penser,
que si elles étudioient le droit,
elles y reüssiroient au moins
comme nous. On voit qu'elles
aiment plus la paix & la justice ;
elles souffrent avec peine les dif-

ferens, & s'entremettent avec joye pour les terminer à l'amiable : leurs soins leur font trouver des biais & des expediens singuliers pour reconcilier les esprits : & elles font naturellement dans la conduite de leur maison, ou sur celle des autres, les principales reflexions d'équité, sur lesquelles toute la Jurisprudence est fondée.

Elles sont propres à l'histoire. DANS les recits que font celles qui ont un peu d'esprit, il y a toûjours avec l'ordre, je ne sçay quel agrément qui touche plus que dans les nostres. Elles sçavent discerner ce qui est propre ou étranger au sujet ; démêler les interests : designer les personnes par leur propre caractere : dénoüer les intrigues, & suivre les plus grandes comme les plus petites, quand elles en sont informées. Tout cela se voit enco-

re mieux dans les histoires &
dans les Romans des Dames sça-
vantes, qui vivent encore.

COMBIEN y en a-t-il qui
s'instruisent autant aux sermons,
dans les entretiens, & dans quelques petits livres de pieté, que
des Docteurs avec S. Thomas
dans leur cabinet & sur les bancs.
La solidité & la profondeur avec
laquelle elles parlent des plus
hauts mysteres & de toute la
Morale Chrestienne, les seroient
prendre souvent pour de grands
Theologiens, si elles avoient un
chapeau, & qu'elles pussent citer
en Latin quelques passages.

Elles sça-
vent la
Theologie.

IL semble que les femmes
soient nées pour exercer la Medecine, & pour rendre la santé
aux malades. Leur propreté &
leur complaisance soulagent le
mal de la moitié. Et non seulement elles sont propres à appli-

Elles en-
tendent la
Medecine.

quer les remedes ; mais mêmes à les trouver. Elles en inventent une infinité qu'on appelle petits, parce qu'ils coûtent moins que ceux d'Hypocrate , & qu'on ne les prescrit pas par ordonnance : mais qui sont d'autant plus surs & plus faciles , qu'ils sont plus naturels. Enfin elles font leurs observations dans la pratique avec tant d'exactitude , & en raisonnent si juste, qu'elles rendent souvent inutiles tous les cahiers de l'Ecole.

Elles sça-vent le contraire des rêve-ries Astro-logiques. ENTRE les femmes de la campagne , celles qui vont travailler aux champs , se connoissent admirablement aux bizarreries des saisons ; & leurs Almanacs sont bien plus certains que ceux qu'on imprime de la main des Astrologues. Elles expliquent si naïvement la fertilité , & la sterilité des années , par les vents, par les pluïes & par tout ce qui produit les changemens de temps, qu'on ne peut les entendre là-dessus, sans avoir compassion des sçavans qui rapportent ces effets, aux Aspects, aux Approches & aux Ascendans des Planettes. Ce qui me fait juger que si on leur a-avoit appris, que les alterations ausquelles le corps humain est sujet, luy peuvent arriver à cause de sa constitution particuliere, par l'exercice, par le climat, par la nourriture, par l'éducation & par les rencontres differentes de la vie, elles ne s'aviseroient jamais d'en rapporter les inclinations, ny les changemens aux Influences des Astres, qui sont des corps éloignez de nous de plusieurs millions de lieuës.

D'où vient la diversité des mœurs & des inclinations.

IL est vray qu'il y a des sciences dont on n'entend point parler les femmes, parce que ce ne sont

Pourquoy on ne les entend pas parler de

point des fciences de mife ni de
focieté. L'Algebre , la Geome-
trie, l'Optique, ne fortent prefque jamais des cabinets ny des
Academies fçavantes , pour venir
au milieu du monde. Et comme
leur plus grand ufage eft de donner la juftelle dans les penfées ;
elles ne doivent paroiftre dans le
commerce ordinaire , que fecret-
tement & comme des reflorts
cachez , qui font joüer de grandes machines. C'eft-à-dire, qu'il
en faut faire l'application fur les
fujets d'entretien , & penfer &
parler jufte & geometriquement,
fans faire paroiftre qu'on eft
Geomettre.

ToUTES ces obfervations fur
les qualitez de l'efprit, fe peuvent faire fans peine avec les femmes de mediocre condition : mais
fi on va jufques à la Cour, &
qu'on ait part aux entretiens des

Dames, on y pourra remarquer toute autre chofe. Il femble que leur genie foit proportionné naturellement à leur état. Avec la juftefle, le difcernement, & la politefle, elles ont un tour d'efprit, fin, délicat, aifé; & je ne fçay quoy de grand & de noble, qui leur eft particulier. On diroit que les objets comme les hommes, ne s'approchent d'elles, qu'avec refpect. Elles les voyent toûjours par le bel endroit, & leur donnent en parlant tout un autre air que le commun. En un mot, que l'on montre à ceux qui ont du gouft deux lettres de Dames de conditions differentes, on reconnoiftra aifément laquelle eft de plus haute qualité.

COMBIEN y a-t-il eu de Dames, & combien y en a-t-il encore, qu'on doit mettre au nombre des fçavans, fi on ne veut pas les

Que les fçavantes, qui font en grand nombre, font plus

mettre au deſſus. Le ſiecle où nous vivons en porte plus que tous les ſiecles paſſez : & comme elles ont égalé les hommes, elles ſont plus eſtimables qu'eux, pour des raiſons particulieres. Il leur a falu ſurmonter la moleſſe où on éleve leur ſexe, renoncer aux plaiſirs & à l'oiſiveté où on les reduit, vaincre certains obſta-cles publics, qui les éloignent de l'étude, & ſe mettre au deſſus des idées deſavantageuſes que le vul-gaire a des ſçavantes, outre celles qu'il a de leur Sexe en general. Elles ont fait tout cela : & ſoit que les difficultez ayent rendu leur eſprit plus vif & plus péné-trant, ſoit que ces qualitez leur ſoient naturelles, elles ſe ſont renduës à proportion plus habiles que les hommes.

On peut dire neantmoins, ſans diminuer les ſentimens que

ces illuſtres Dames meritent, que c'eſt l'occaſion & les moyens exterieurs, qui les ont miſes en cét état, auſſi-bien que les plus ſçavans parmy nous, & qu'il y en a une infinité d'autres qui n'en auroient pas moins fait, ſi elles euſſent eu de pareils avantages. Et puiſque l'on eſt aſſez injuſte pour croire que toutes les fem-mes ſont indiſcretes, lorſqu'on en connoiſt cinq ou ſix qui le ſont; on devroit auſſi eſtre aſſez équi-table, pour juger que leur ſexe eſt capable des ſciences, puiſque l'on en voit quantité, qui ont pû s'y élever.

Qu'il faut reconnoître que les femmes en general ſont capables de ſciences.

On s'imagine vulgairement que les Turcs, les Barbares, & les Sauvages n'y ſont pas ſi pro-pres que les peuples de l'Europe. Cependant, il eſt certain, que ſi l'on en voyoit icy cinq ou ſix qui euſſent la capacité, ou le titre de Docteur, ce qui n'est pas impossible, on corrigeroit son jugement, & l'on avoüeroit que ces peuples estant hommes comme nous, sont capables des mêmes choses, & que s'ils estoient instruits, ils ne nous cederoient en rien. Les femmes avec lesquelles nous vivons, valent bien les Barbares & les Sauvages, pour nous obliger d'avoir pour elles des pensées qui ne soient pas moins avantageuses, ny moins raisonnables.

Si le vulgaire s'opiniastre, nonobstant ces observations, à ne vouloir pas que les femmes soient aussi propres aux sciences que nous, il doit au moins reconnoistre qu'elles leur sont moins necessaires. L'on s'y applique à deux fins, l'une de bien connoître les choses qui en sont l'objet, & l'autre de devenir vertueux

par le moyen de ces connoiſſances. Ainſi dans cette vie qui eſt
ſi courte, la ſcience ſe doit uniquement rapporter à la vertu ; &
les femmes poſſedant celle-cy,
on peut dire qu'elles ont par un
bon-heur ſingulier, le principal
avantage des ſciences ſans les
avoir étudiées.

C E que nous voyons tous les
jours, nous doit convaincre qu'elles ne ſont pas moins Chreſtien-
nes, que les hommes. Elles reçoivent l'Evangile avec ſoûmiſſion & avec ſimplicité. Elles en
pratiquent les maximes d'une
façon exemplaire. Leur reſpect
pour tout ce qui concerne la religion a toûjours paru ſi grand
qu'elles paſſent ſans contredit,
pour avoir plus de devotion &
de pieté que nous. Il eſt vray
que leur culte va quelquefois
juſques à l'excez : mais je ne

Que les femmes ont autant de vertu que nous.

trouve pas que cét excez ſoit ſi blâmable. L'ignorance où on les éleve en eſt la cauſe neceſſaire. Si leur zele eſt indiſcret, au moins leur perſuaſion eſt veritable : & l'on peut dire, que ſi elles con‑noiſſoient parfaitement la vertu, elles l'embraſſeroient bien autre‑ment ; puiſqu'elles s'y attachent ſi fort au travers des tenebres même.

Elles ſont charita‑bles.

IL ſemble que la compaſſion qui eſt la vertu de l'Evangile ſoit affectée à leur Sexe. Le mal du prochain ne leur a pas plûtoſt frappé l'eſprit, qu'il touche leur cœur, & leur fait venir les larmes aux yeux. N'eſt-ce pas par leurs mains que ſe ſont toûjours faites les plus grandes diſtributions, dans les calamitez publiques ? Ne ſont-ce pas encore aujour-d'huy les Dames qui ont parti-culierement ſoin des pauvres &

des

des malades dans les Parroiſſes, qui les vont viſiter dans les priſons, & ſervir dans les hôpitaux? Ne ſont-ce pas de pieuſes filles répanduës dans les quartiers, qui ont charge de leur aller porter à certaines heures du jour, la nourriture & les remedes neceſſaires, & à qui l'on a donné le nom de la charité qu'elles exercent ſi dignement ? *Les filles de la charité.*

ENFIN, quand il n'y auroit au monde de femmes qui pratiquaſſent cette vertu envers le prochain, que celles qui ſervent les malades dans l'Hôtel-Dieu, je ne crois pas que les hommes puſſent ſans injuſtice prétendre en cela l'avantage pardeſſus leur Sexe. Ce ſont proprement ces filles là deſquelles il faloit enrichir la galerie des femmes fortes : C'eſt de leur vie qu'il faudroit faire les plus grands éloges, & *Celles de l'Hoſtel Dieu.*

F

honnorer leur mort des plus excellens Panegyriques : puifque
c'eft-là qu'on voit la religion
Chreftienne , c'eft à dire, la vertu
vrayment heroïque fe pratiquer
à la rigueur dans fes commande-
mens & dans fes confeils : de jeunes filles renoncer au monde, &
à elles-mémes, refoluës à une cha-
fteté & à une pauvreté perpe-
tuelle, prendre leur croix, & la
Croix du monde la plus rude,
pour fe mettre le refte de leurs
jours fous le joug de JESUS-
CHRIST : fe confacrer dans un
Hôpital, où l'on reçoit indifferemment toutes fortes de malades , de quelque païs ou Religion
que ce foit, pour les fervir tous
fans diftinction , & fe charger à
l'exemple de leur Epoux de toutes
les infirmitez des hommes, fans
fe rebuter d'avoir fans ceffe les
yeux frappez des fpectacles les

plus affreux : les oreilles des in-
jures, & des cris des malades, &
l'odorat de toutes les infections
du corps humain : & pour marque
de l'efprit qui les anime, porter
de lit en lit, entre leurs bras, &
encourager les miferables, non
pas par des vaines paroles, mais
par l'exemple effectif & perfon-
nel d'une patience, & d'une charité invincible.

Se peut-il rien concevoir de
plus grand parmy les Chreftiens?
Les autres femmes ne font pas
moins portées à foulager le prochain. Il n'y a que l'occafion qui
leur manque, où d'autres occupations qui les en détournent : &
je trouve qu'il eft auffi indigne de
s'imaginer de là comme fait le
vulgaire, que les femmes foient
naturellement fervantes des hommes ; que de prétendre que ceux
qui ont receu de Dieu des talens

particuliers, ſoient les ſerviteurs & les eſclaves de ceux pour le bien deſquels ils les emploient.

Comment elles vivēt dans le Ce-libat.

QUELQUE genre de vie qu'em-braſſent les femmes, leur con-duite a toûjours quelque choſe de remarquable. Il ſemble que celles qui vivent hors du maria-ge, & qui demeurent dans le monde, n'y reſte que pour ſer-vir d'exemple aux autres. La mo-deſtie Chreſtienne paroiſt ſur leur viſage & dans leurs habits. La vertu fait leur principal orne-ment. Elles s'éloignent des com-pagnies & des divertiſſemens mondains ; & leur application aux exercices de pieté, fait bien voir qu'elles ne ſe font point en-gagées dans les ſoins ny dans les embarras du mariage, pour joüir d'une plus grande liberté d'eſprit, & n'eſtre obligées que de plaire à Dieu.

Il y a autant de Monasteres sous la conduite des femmes que des hommes : & leur vie n'y est pas moins exemplaire. La retraite y est plus grande : la penitence aussi austere ; & les Abbesses y valent bien les Abbez. Elles font des reglemens avec une sagesse admirable , & gouvernent leurs filles , avec tant de prudence, qu'il n'y arrive point de desordre. Enfin l'éclat des maisons Religieuses, les grands biens qu'elles possedent , & leurs solides établissemens font l'effet du bon ordre qu'y apportent les Superieures.

Comment elles vivēt dans les Monasteres.

Le mariage est l'état le plus naturel , & le plus ordinaire aux hommes. Quand ils y font engagez, c'est pour le reste de leur vie. Ils y passent les âges où on ne doit agir que par raison. Et les differens accidens de la nature & de la fortune ausquels cette condi-

Comment elles vivēt dans le mariage.

F iij

tion eft fujette, exerçant davantage ceux qui y font, leur donne occafion d'y faire paroiftre plus d'efprit. Il ne faut pas grande experience pour fçavoir que les femmes y font plus propres que nous. Les filles font capables de conduire une maifon à l'âge où les hommes ont encore befoin de maître; & l'expedient le plus commun pour remettre un jeune homme dans le bon chemin, c'eft de luy donner une femme, qui le retient par fon exemple, qui modere fes emportemens & le retire de la débauche.

QUELLE complaifance n'employent point les femmes pour vivre en paix avec leurs maris. Elles fe foûmettent à leurs ordres, elles ne font rien fans leur avis, elles fe contraignent en beaucoup de chofes pour éviter de leur déplaire, & elles fe privent fouvent

des divertiffemens les plus honneftes, pour les exempter de foup-
çon. L'on fçait lequel des deux
Sexes eft le plus fidelle à l'autre,
& fuporte plus patiemment les
malheurs qui furviennent dans le
mariage, & y fait paroiftre plus
de fageffe.

Presque toutes les maifons ne
font reglées que par les femmes,
à qui leurs maris en abandonnent
le gouvernement: & le foin qu'elles prennent de l'éducation des
enfans, eft bien plus confiderable
aux familles & plus important à
l'Etat, que celuy qu'elles ont des
biens. Elles fe donnent toutes entieres à leur confervation. La
crainte qu'il ne leur arrive du mal
eft fi grande, qu'elles en perdent
fouvent le repos. Elles fe privent
avec joye, des chofes les plus neceffaires, afin qu'il ne leur manque rien. Elles ne fçauroient les

*Comment
elles éle-
vent leurs
enfans.*

voir souffrir le moins du monde, qu'elles ne souffrent elles-mêmes jusques au fond de l'ame : & on peut dire que la plus grande de leur peine est de ne les pouvoir soulager, en se chargeant de leurs douleurs.

Le soin qu'elles prennent de leur instruction.

Qu i ignore avec quelle application elles travaillent à les instruire de la vertu, autant que leur petit âge en est capable ? Elles tâchent de leur faire connoître & craindre Dieu, & leur enseignent à l'adorer d'une maniere qui leur soit proportionnée : Elles ont soin de les mettre entre les mains des maîtres, aussi-tost qu'ils y sont propres, & choisissent ceux-cy avec toute la précaution possible, pour rendre leur éducation meilleure ? Et ce qui est encore plus estimable, c'est qu'elles joignent le bon exemple à l'instruction.

S i

Sɪ l'on vouloit defcendre, dans
un détail entier de toutes les rencontres de la vie, & de toutes les
vertus que les femmes y pratiquent, & en examiner les plus
importantes circonftances, il y
auroit dequoy faire un tres-am-
ple Panegyrique. On pourroit
reprefenter jufques où va leur fo-
brieté dans le boire & dans le
manger; la patience dans les incommoditez; la force & le courage à fupporter les maux, les fatigues, les veilles, & les jeûnes;
La moderation dans les plaifirs
& dans les paffions : l'inclination à
faire du bien : la prudence dans les
affaires, l'honnefteté en toutes les
actions : en un mot on pourroit
faire voir qu'il n'y a point de vertu qui ne leur foit commune avec
nous, & qu'il y a au contraire
quantité de défauts confiderables
qui font particuliers aux hommes.

Qu'un plus ample d'etail feroit avantageux aux femmes.

G

Voila les obſervations generales & ordinaires ſur ce qui
concerne les femmes, par raport
aux qualitez de l'eſprit, dont l'u-
ſage eſt la ſeule choſe, qui doive
mettre de la diſtinction entre les
hommes.

Comme il n'y a gueres de rencontres où l'on ne puiſſe découvrir l'inclination, le genie, le
vice, & la vertu, & la capacité
des perſonnes, ceux qui ſe vou-
dront détromper eux-mêmes ſur
le ſujet des femmes, ont toûjours
occaſion de le faire, en public,
ou en particulier, à la Cour, & à la
grille, dans les divertiſſemens, &
dans les exercices, avec les pauvres comme avec les riches, en
quelque état & de quelque condition qu'elles ſoient. Et ſi l'on
conſidere avec ſincerité & ſans
intereſt ce qu'on pourra remarquer à leur égard, on trouvera

que s'il y a quelques apparences peu favorables aux femmes,
il y en a encore plus qui leur font
tres - avantageufes ; que ce n'eſt
point faute de merite ; mais de
bon-heur ou de force , que leur
condition n'eſt pas égale à la nôtre ; & enfin que l'opinion commune eſt un préjugé populaire &
mal fondé.

DE
L'EGALITÉ
DES DEUX
SEXES.

SECONDE PARTIE,

*Où l'on fait voir pourquoy les té-
moignages qu'on peut apporter
contre le sentiment de l'égalité
des deux Sexes, tirez des Poëtes,
des Orateurs, des Historiens, des
Iurisconsultes, & des Philosophes, sont tous vains & inutiles.*

C E qui confirme le vulgaire dans la pensée qu'il a
des femmes, c'est qu'il
s'y voit appuyé par le sentiment

des fçavans. Ainfi la voix publique de ceux qui dominent par
la creance, s'accordant au defa-
vantage des femmes , avec certaines apparences generales , il ne
faut pas s'étonner de les voir fi
mal dans l'efprit des perfonnes
fimples & fans lumiere. Et il arrive en cela , comme en une infinité
d'autres chofes , que l'on fe fortifie dans un préjugé par un autre.

L'idE'e de la verité eftant attachée naturellement à celle de
la fcience, l'on ne manque pas
de prendre pour vray ce que pro-
pofent ceux qui ont la reputation d'eftre fçavans : & comme
le nombre de ceux qui ne le
font que de nom , eft beaucoup
plus grand, que de ceux qui le
font en effet , le commun des
hommes qui compte feulement
les voix , fe range du cofté des

premiers , & embraſſe d'autant
plus volontiers leurs opinions ,
qu'elles ſe trouvent plus conformes à celles dont il eſt déja
imbu.

C'est pourquoy voyant que
les Poëtes , les Orateurs , les Hi-
ſtoriens , & les Philoſophes , pu-
blient auſſi que les femmes ſont
inferieures aux hommes , moins
nobles & moins parfaites , il ſe le
perſuade davantage , parce qu'il *Idée de*
ignore que leur ſcience eſt le mê- *la ſcience*
me préjugé que le ſien , ſinon *vulgaire.*
qu'il eſt plus étendu & plus ſpe-
cieux , & qu'ils ne font que joindre à l'impreſſion de la coûtume ,
le ſentiment des Anciens ſur l'authorité deſquels toute leur certi-
tude eſt fondée : & je trouve
qu'à l'égard du Sexe , ceux qui
ont de l'étude , & ceux qui n'en
ont point , tombent dans une erreur pareille , qui eſt de juger que

ce qu'en difent ceux qu'ils eftiment, eft veritable, parce qu'ils
font déja prevenus, qu'ils difent
bien ; au lieu de ne fe porter à
croire qu'ils difent bien, qu'aprés
avoir reconnu qu'ils ne difent rien
que de veritable.

Contre les
authoritez
des Poëtes
& des
Orateurs.

Les Poëtes & les Orateurs
n'ayant pour but que de plaire &
de perfuader, la vray-femblance
leur fuffit, à l'égard du commun
des hommes. Ainfi l'exageration
& l'hyperbole eftant tres-pro-
pres à ce deffein, en groffiffant
les idées, felon qu'on en a befoin;
ils font le bien & le mal petit
& grand comme il leur plaift;
& par un tour trop ordinaire,
ils attribuënt à toutes les femmes en general, ce qu'ils ne con-
noiffent qu'en quelques particulieres. Ce leur eft affez d'en avoir
veu quelques-unes hypocrytes,
pour leur faire dire que tout le

fexe eft fujet à ce défaut. Les ornemens dont ils accompagnent
leurs difcours, contribuent mer-
veilleufement à leur attirer la
creance de ceux qui ne font point
fur leurs gardes. Ils parlent avec
facilité & avec grace, & employent certaines manieres, lefquelles eftant belles, agreables,
& peu communes, éblouïffent
l'efprit & l'empéchent de difcerner la verité. On voit contre
les femmes quantité de pieces affez fortes en apparence ; & l'on
s'y rend, faute de fçavoir que ce
qui en fait la force & la verité,
ce font les figures de l'éloquence,
les Methaphores, les Proverbes,
les Defcriptions, les Similitudes,
les Emblêmes : & parce qu'il y a
d'ordinaire beaucoup de genie,
& d'adreffe dans ces fortes d'ouvrages, l'on s'imagine auffi qu'il
n'y a pas moins de verité.

TEL se persuade que les femmes aiment qu'on leur en conte, parce qu'il aura lû le sonnet de Sarrazin sur la chûte de la premiere, qu'il feint n'estre tombée que pour avoir presté l'oreille aux fleurettes du Demon. Il est vray que l'imagination est plaisante, le tour joli, l'application assez juste dans son dessein, & la chûte tres-agreable ; mais si l'on examine la piece au fond, & qu'on la reduise en Prose, l'on trouvera qu'il n'y a rien de plus faux ny de plus fade.

IL y a des gens assez simples pour s'imaginer que les femmes sont plus portées à la furie que les hommes, pour avoir lû que les Poëtes ont representé les Furies sous la figure des femmes : sans considérer que cela n'est qu'une imagination Poëtique : & que les peintres qui dépeignent les Har-

pies avec un visage de femme,
dépeignent aussi le Demon sous
l'apparence d'un homme.

J'en ay veu entreprendre de
prouver que les femmes sont in-
constantes, sur ce qu'un Poëte
Latin celebre a dit qu'elles sont
sujettes à un changement conti-
nuël, & qu'un François les a
plaisamment comparées à une gi-
roüette qui se meut au gré du
vent ; faute de prendre garde que
toutes ces manieres de parler des
choses, ne sont propres qu'à
égayer l'esprit & non pas à l'instruire.

L'Eloquence vulgaire est une
optique parlante, qui fait voir les
objets sous telle figure & telle
couleur que l'on veut ; & il n'y a
point de vertu qu'on ne puisse re-
presenter comme un vice, par les
moyens qu'elle fournit.

Il n'y a rien de plus ordinaire, que de trouver dans les Auteurs que les femmes font moins parfaites & moins nobles que les hommes : mais pour des raifons on n'y en voit point. Et il y a grande apparence qu'ils en ont efté perfuadez comme le vulgaire. Les femmes n'ont point de part avec nous aux avantages exterieurs, comme les fciences, & l'authorité, en quoy l'on met communément la perfection : donc elles ne font pas fi parfaites que nous. Pour en eftre convaincu ferieufement, il faudroit montrer qu'elles n'y font pas admifes, parce qu'elles n'y font pas propres. Mais cela n'eft pas fi aifé qu'on s'imagine : & il ne fera pas difficile de faire voir le contraire dans la fuite ; & que cette erreur vient de ce qu'on n'a qu'une idée confufe de la perfection & de la noblefse.

Tous les raisonnemens de ceux qui soûtiennent que le beau Sexe n'est pas si noble, ny si excellent que le nostre, sont fondez sur ce que les hommes estant les maistres, on croit que tout est pour eux ; & je suis assuré qu'on croiroit tout le contraire, encore plus fortement, c'est à dire, que les hommes ne sont que pour les femmes, si elles avoient toute l'authorité, comme dans l'Empire des Amazones.

Il est vray qu'elles n'ont icy que les emplois qu'on regarde comme les plus bas. Et il est vray aussi qu'elles n'en sont pas moins à estimer, selon la religion & la raison. Il n'y a rien de bas que le vice, ny de grand que la vertu: & les femmes faisant paroistre plus de vertu que les hommes, dans leurs petites occupations, meritent plus d'estre estimées. Je ne sçay même si à regarder simplement leur employ ordinaire, qui est de nourrir & d'élever les hommes dans leur enfance, elles ne sont pas dignes du premier rang dans la societé civile.

Que les femmes sont plus estimables que les hommes par rapport à leur employ.

SI nous estions libres & sans Republique, nous ne nous assemblerions que pour mieux conserver nostre vie, en jouïssant paisiblement des choses qui y seroient necessaires ; & nous estimerions davantage ceux qui y contriburoient le plus. C'est pourquoy nous avons accoûtumé de regarder les Princes comme les premiers de l'Etat, parce que leurs soins & leur prévoyance est la plus generale, & la plus étenduë ; & nous estimons à proportion ceux qui sont au dessous d'eux. La pluspart preferent les soldats aux Juges, parce qu'ils s'opposent directement à ceux

qui attaquent la vie d'une maniere plus terrible , & chacun estime les personnes à proportion
qu'il les juge utiles. Ainsi les femmes semblent estre les plus estimables , puis que le service qu'elles
rendent est incomparablement
plus grand, que celuy de tous les
autres.

L'ON pourroit absolument se
passer de Princes, de soldats, &
de marchands , comme l'on faisoit au commencement du monde , & comme le font encore aujourd'huy les Sauvages. Mais on
ne peut se passer des femmes dans
son enfance. Les Estats estant
bien pacifiez, la pluspart des personnes qui ont l'authorité , sont
comme mortes & inutiles : Les
femmes ne cessent jamais de nous
estre necessaires. Les Ministres
de la Justice ne font gueres que
pour conserver les biens à ceux

Quel est le merite des fem-mes.

qui les possedent : & les femmes
sont pour nous conserver la vie:
les soldats s'employent pour des
hommes faits , & capables de se
deffendre ; & les femmes s'employent pour les hommes , lorfqu'ils ne sçavent pas encore ce
qu'ils sont , s'ils ont des ennemis
ou des amis , & lorsqu'ils n'ont
point d'autres armes que des
pleurs contre ceux qui les attaquent. Les Maistres , les Magi-
strats , & les Princes , n'agiffent
souvent que pour leur gloire , &
leur interest particulier ; & les
femmes n'agiffent que pour le
bien des enfans qu'elles élevent:
Enfin les peines & les soins, les
fatigues & les assiduitez , ausquelles elles s'assujettiffent , n'ont rien
de pareil en aucun état de la societé civile.

Il n'y a donc que la fantai-
sie qui les faffe moins estimer.

On

On recompenseroit largement un homme qui auroit apprivoisé un Tigre : L'on considere ceux qui sçavent dresser des Chevaux, des Singes, & des Elephans : on parle avec éloge d'un homme qui aura composé un petit ouvrage qui luy aura coûté un peu de temps & de peine ; & l'on neglige les femmes qui mettent plusieurs années à nourrir & à former des enfans ? & si l'on en recherche bien la raison, l'on trouvera que c'est parce que l'un est plus ordinaire que l'autre.

CE que les Historiens disent au desavantage des femmes, fait plus d'impression sur l'esprit, que les discours des Orateurs. Comme ils semblent ne rien avancer d'eux - mesmes, leur témoignage est moins suspect ; outre qu'il est conforme à ce dont on est déja persuadé ; rapportant que

Contre les témoigna- ges qu'on peut tirer de l'histoi.

H

les femmes eſtoient autrefois ce qu'on croit qu'elles ſont à preſent. Mais toute l'authorité qu'ils ont ſur les eſprits, n'eſt que l'effet d'un préjugé aſſez commun à l'égard de l'antiquité, qu'on ſe repreſente ſous l'image d'un venerable vieillard, qui ayant beaucoup de ſageſſe, & d'experience, n'eſt pas capable d'eſtre trompé, ny de rien dire que de vray.

Cependant, les Anciens n'étoient pas moins hommes que nous, ny moins ſujets à l'erreur; & l'on ne doit pas plûtoſt ſe rendre à preſent à leurs opinions, qu'on auroit fait de leur temps. On conſideroit autrefois les femmes, comme l'on fait aujourd'huy, & avec auſſi peu de raiſon. Ainſi tout ce qu'en ont dit les hommes doit eſtre ſuſpect, parce qu'ils ſont Juges & parties: & lors que quelqu'un rapporte

contre-elles le fentiment de mille Autheurs , cette hiftoire ne
doit eftre confiderée que comme
une Tradition de préjugez , &
d'erreurs. Il y a auffi peu de fide-
lité & d'exactitude dans les hiftoires anciennes , que dans les
recits familiers , où l'on reconnoift affez, qu'il n'y en a prefque
point. Ceux qui les ont écrites
y ont meflé leurs paffions, & leur
intereft : & la plufpart n'ayant
eu que des idées fort confufes du
vice & de la vertu, ont fouvent
pris l'un pour l'autre: & ceux qui
les lifent avec la préoccupation
ordinaire , ne manquent pas de
tomber dans le même defaut.
Et dans le préjugé où ils eftoient,
ils ont eu foin d'exagerer les vertus & les avantages de leur Sexe;
& de rabaiffer & d'affoiblir le
merite des femmes par un intereft
contraire. Cela eft fi facile à re-

connoiſtre, qu'il n'en faut point apporter d'exemple.

Ce que l'on trouve dans l'hiſtoire à l'avantage des femmes.

NEANMOINS , ſi l'on ſçait débroüiller un peu le paſſé , l'on trouve dequoy faire voir que les femmes n'en ont point cedé aux hommes, & que la vertu qu'elles ont fait paroiſtre eſt plus excellente, ſi on la conſidere ſincerement dans toutes ſes circonſtances. L'on peut remarquer qu'elles ont donné d'auſſi grandes marques d'eſprit & de capacité dans toutes ſortes de rencontres. Il y en a eu qui ont gouverné de grands Etats & des Empires avec une ſageſſe & une moderation qui n'a point eu d'exemple : d'autres ont rendu la juſtice avec une integrité pareille à celle de l'Areopage ; pluſieurs ont rétably par leur prudence & par leurs conſeils les Royaumes dans le calme, & leurs maris ſur le Thrône. On en a veu conduire des armées, ou se deffendre sur des murailles avec un courage plus qu'heroïque. Combien y en a-t-il eu dont la chasteté n'a pû recevoir aucune atteinte, ny par les menaces épouvantables, ny par les promesses magnifiques qu'on leur faisoit, & qui ont souffert avec une generosité surprenante les plus horribles tourmens pour la cause de la Religion ? Combien y en a-t-il eu, qui se sont renduës aussi habiles que les hommes dans toutes les sciences, qui ont penetré ce qu'il y a de plus curieux dans la nature, de plus fin dans la Politique, & de plus solide dans la Morale, & qui se sont élevées à ce qu'il y a de plus haut dans la Theologie Chrestienne. Ainsi l'histoire dont ceux qui sont prevenus contre le Sexe, abusent pour l'abaisser,

peut fervir à ceux qui le regardent
avec des yeux d'équité, pour montrer qu'il n'eft pas moins noble que
le noftre.

*Contre les
Iurifcon.
fultes,* L'AUTORITE' des Jurifcon-
fultes a un grand poids à l'égard
de beaucoup de gens, fur ce qui
concerne les femmes, parce qu'ils
font une profeffion particuliere
de rendre à un chacun ce qui luy
appartient. Ils mettent les femmes fous la puiffance de leurs maris, comme les enfans fous celle
de leurs peres, & difent que c'eft
la nature qui leur a affigné les
moindres fonctions de la focieté,
& qui les a éloignées de l'authorité publique.

L'on croit eftre bien fondé de
le dire auffi aprés eux. Mais il eft
permis, fans bleffer le refpect
qu'ils meritent, de n'eftre pas en
cela de leur fentiment. On les em-
barrafferoit fort, fi on les obli-

geoit de s'expliquer intelligible-
ment fur ce qu'ils appellent Nature en cét endroit, & de faire entendre comment elle a diftingué
les deux Sexes, comme ils preten-
dent.

Il faut confiderer que ceux
qui ont fait ou compilé les Loix,
eftant des hommes, ont favorifé
leur Sexe, comme les femmes auroient peut-eftre fait fi elles
avoient efté à leur place : & les
Loix ayant efté faites depuis l'é-
tabliffement des focietez, en la
maniere qu'elles font à prefent
à l'égard des femmes, les Jurif-
confultes qui avoient auffi leur
préjugé, ont attribué à la nature
une diftinction qui ne vient que
de la couftume. Outre qu'il n'é-
toit pas neceffaire de changer
l'ordre qu'ils trouvoient étably,
pour obtenir la fin qu'ils fe propo-
foient, qui eftoit de bien gouver-

ner un Etat, en exerçant la justice. Enfin s'ils s'opiniâtroient à soûtenir que les femmes sont naturellement dépendantes des hommes, on les combatroit par leurs propres principes, puis qu'ils reconnoissent eux-mêmes, que la dépendance & la servitude sont contraires à l'ordre de la nature, qui rend tous les hommes égaux.

LA dépendance estant un rapport purement corporel & civil, elle ne doit estre considerée que comme un effet du hazard, de la violence, ou de la coûtume : si ce n'est celle où sont les enfans à l'égard de ceux qui leur ont donné la vie. Encore ne passe-t-elle point un certain âge, où les hommes estant supposez avoir assez de raison & d'experience pour se pouvoir gouverner eux-mêmes, sont affranchis par les Loix, de l'autorité d'autruy.

MAIS

M A ı s entre les perſonnes
d'un âge égal ou approchant , il
ne devroit y avoir qu'une ſubor-
dination raiſonnable , ſelon laquelle ceux qui ont moins de lumiere , ſe ſoûmettent volontai-
rement à ceux qui en ont davantage. Et ſi l'on oſte les Actions
civiles que les Loix ont données
aux hommes , & qui les rendent
les Chefs de la famille , on ne
peut trouver entr'eux & leurs
femmes , qu'une ſoûmiſſion d'experience & de lumieres. Les uns
& les autres s'engagent enſemble librement , en un temps où
les femmes ont autant de raiſon ,
& ſouvent plus que leurs maris.
Les promeſſes & les conventions
du mariage ſont reciproques ; &
le pouvoir égal ſur le corps : & ſi
les Loix donnent au mary plus
d'authorité ſur les biens ; la nature donne à la femme plus de
I

puissance & de droit sur les enfans. Et comme la volonté de
l'un n'est pas la regle de l'autre,
si une femme est obligée de faire
les choses dont son mary l'avertit : celuy-cy ne l'est pas moins
de suivre ce que sa femme luy
fait entendre estre de son devoir :
& hors les choses raisonnables,
on ne peut contraindre une femme de se soûmettre à son mary,
que parce qu'elle a moins de force. Ce qu'on appelle agir de
Turc à Maure, & non pas en
gens d'esprit.

Contre les Philoso-phes. L'on n'aura pas beaucoup de
peine à se départir de l'opinion
des sçavans, dont je viens de parler : parce qu'on pourra aisément
reconnoistre que leur profession
ne les engage pas à s'informer
si exactement de ce que les choses sont en elles-mesmes : que
l'apparence & la vray-semblan-

ce suffisent aux Poëtes & aux
Orateurs: le témoignage de l'Antiquité aux Historiens,& la Coûtume aux Jurisconsultes pour arriver à leur but ? mais pour ce
qui est du sentiment des Philosophes, on ne le quittera pas si facilement : parce qu'il semble qu'ils
sont au dessus de toutes les consi-
derations précedentes , comme
en effet ils doivent estre, & qu'ils
passent pour examiner les choses
de plus prés : ce qui leur attire la
creance commune, & fait tenir
pour indubitable ce qu'ils propo-
sent, sur tout lorsqu'ils ne détrui-
sent point les sentimens où l'on
est.

Ainsi le vulgaire se fortifie
dans l'opinion qu'il a de l'inégalité des deux Sexes, parce qu'il
y voit aussi ceux desquels il regarde les jugemens comme la regle des siens, faute de sçavoir ,

que presque tous les Philosophes n'ont point d'autre regle que luy, & que ce n'est pas par science qu'ils prononcent, principalement sur la matiere dont il s'agit. Ils ont porté leurs préjugez dans les Ecoles, & ils n'y ont rien appris qui servist à les en tirer : au contraire, toutes leur science est fondée sur les jugemens qu'ils ont faits dés le berceau ; & c'est parmy eux un crime ou une erreur de revoquer en doute ce qu'on a crû avant l'âge de discretion. On ne leur apprend point à connoistre l'homme par le corps, ny par l'esprit : Et ce qu'ils en enseignent communément peut tres-bien servir à prouver qu'il n'y a entre nous & les bestes que le plus & le moins. On ne leur dit pas un mot des Sexes : on suppose qu'ils les connoissent assez ; bien loin

Ce que c'est que les Philoso- phes de l'Ecole.

d'en examiner la capacité & la difference veritable & naturelle ; ce qui eſt un point des plus curieux, & peut-eſtre auſſi des plus importans de la Phyſique & de la Morale. Ils paſſent des années entieres, & quelques-uns toute leur vie, à des bagatelles, & à des Eſtres de raiſon, & à ruminer s'il y a au delà du monde des eſpaces imaginaires, & ſi les Atomes ou la petite pouſſiere, qui paroiſt dans les rayons du Soleil, eſt diviſible à l'infiny. Quel fond peut-on faire ſur ce que des ſçavans de cette ſorte diſent, quand il s'agit de choſes ſerieuſes & importantes.

On pourroit penſer neanmoins qu'encore qu'ils s'inſtruiſent ſi mal, leurs principes ſuffiſent peut-eſtre pour découvrir lequel des deux Sexes a naturellement quelque avantage ſur l'autre ;

mais cette penſée ne peut venir
qu'à ceux ou qui ne les connoiſſent pas, ou qui en ſont prévenus. La connoiſſance de nous-
meſmes eſt abſolument neceſſaire pour bien traitter cette queſtion; & particulierement la connoiſſance du corps, qui eſt l'organe des ſciences; de meſme que
pour ſçavoir comment les lunet-
tes d'approche groſſiſſent les objets, il faut en connoiſtre la fabrique. Ils n'en parlent qu'en
paſſant, non plus que de la verité & de la ſcience, c'eſt à dire,
de la methode d'acquerir des connoiſſances certaines & veritables,
ſans quoy il eſt impoſſible de bien
examiner ſi les femmes en ſont
auſſi capables que nous: & ſans
m'amuſer à rapporter les idées
qu'ils en donnent, je diray icy en
general, ce que j'en crois.

Tous les hommes eſtant faits

les uns comme les autres, ont les
mesmes sentimens, & les mesmes
idées des choses naturelles ; par
exemple, de la lumiere, de la
chaleur, & de la dureté ; & toute la science que l'on tâche d'en
avoir, se réduit à connoistre au
vray quelle est la disposition particuliere, interieure & exterieure
de chaque objet, pour produire
en nous les pensées & les sentimens que nous en avons. Tout
ce que les Maistres peuvent faire
pour nous conduire à cette connoissance, c'est d'appliquer nostre
esprit à ce que nous remarquons,
pour en examiner les apparences
& les effets, sans précipitation
ny préjugé, & de nous montrer
l'ordre qu'il faut tenir dans la
disposition de nos pensées, pour
trouver ce que nous cherchons.

PAR exemple, si une personne sans étude me prioit de luy

expliquer, en quoy consiste la liquidité de l'eau, je ne luy en affirmerois rien ; mais je luy demanderois ce qu'elle en a observé, comme, que si l'eau n'est renfermée dans un vase, elle se répand; c'est à dire, que toutes ses parties se separent & se désunissent d'elles-mesmes, sans que l'on y introduise de corps étranger ; que l'on y fait entrer ses doits sans peine, & sans y trouver la resistance des corps durs, & qu'en y mettant du sucre ou du sel, on s'apperçoit que ces deux sortes de corps se diminuënt peu à peu, & que leurs parcelles sont emportées dans tous les endroits de la liqueur.

Jusques-la je ne luy apprendrois rien de nouveau : & si je luy avois fait entendre de la mesme façon, ce que c'est qu'estre en repos, ou en mouvement, je

la porterois à reconnoiftre que la
nature des liqueurs confifte en ce
que leurs parties infenfibles font
dans un mouvement perpetuel,
ce qui oblige de les renfermer
dans un vafe, & les difpofe à
donner aifément entrée aux corps
durs ; & que les parcelles de l'eau
eftant petites, liffes, pointuës, ve-
nant à s'infinuer dans les pores du
fucre, en ébranlent & en divifent
les parties par leur rencontre, &
fe mouvant en tout fens, empor-
tent en tous les endroits du vafe,
ce qu'elles ont feparé.

CETTE idée des liqueurs, qui
eft une partie détachée du corps
de la Phyfique paroiftroit bien
plus claire, fi on la voyoit dans
fon rang : & elle n'a rien que le
commun des femmes ne foit capable d'entendre. Le refte de
toutes nos connoiffances eftant
propofé avec ordre, n'a pas plus

de difficulté, & si l'on y fait attention, l'on trouvera que chaque science de raisonnement demande moins d'esprit, & moins de temps qu'il n'en faut, pour bien apprendre le Point ou la Tapisserie.

EN effet, les idées des choses naturelles sont necessaires, & se forment toûjours en nous de la mesme façon. Adam les avoit comme nous les avons : les enfans les ont comme les vieillards, & les femmes comme les hommes : & ces idées se renouvellent, se fortifient, & s'entretiennent par l'usage continuel des sens. L'esprit agit toûjours ; & qui sçait bien comment il agit en une chose, découvre sans peine comment il agit en toutes les autres. Il n'y a que le plus & le moins entre l'impression du Soleil & celle d'une étincelle. Pour

Il ne faut pas plus d'esprit pour apprendre le Point & la Tapisserie que pour apprendre la Physique.

bien penſer là deſſus, l'on n'a be-
ſoin ny d'adreſſe, ny d'exercice
de corps.

Il n'en eſt pas de meſme des
ouvrages dont j'ay parlé. Il y
faut encore plus appliquer ſon
eſprit : Les idées en eſtant arbitraires, ſont plus difficiles à prendre, & à retenir ; ce qui eſt cauſe qu'il faut tant de temps pour
bien ſçavoir un métier, c'eſt qu'il
dépend d'un long exercice : il faut
de l'adreſſe pour bien garder les
proportions ſur un canevas ,
pour diſtribuer également la ſoye
ou la laine, pour mélanger avec
juſteſſe les couleurs ; pour ne pas
trop ſerrer ny trop relâcher les
points, pour n'en mettre pas plus
en un rang qu'en l'autre ; pour
faire les Nüances imperceptibles :
En un mot, il faut ſçavoir faire
& varier en mille manieres differentes les ouvrages de l'art

pour y estre habile ; au lieu que
dans les sciences il ne faut que
regarder avec ordre des ouvrages
tous faits , & toûjours uniformes:
& toute la difficulté d'y reüssir
vient moins des objets & de la disposition du corps , que du peu de
capacité dans les Maistres.

Il ne faut donc plus tant s'é-
tonner de voir des hommes &
des femmes sans étude s'entretenir des choses qui regardent
les sciences ; puisque la Methode de les apprendre ne sert qu'à
rectifier le bon sens , qui s'est
confondu par la précipitation, par
la coûtume, & par l'usage.

L'idée qu'on vient de donner de la science en general pourroit suffire pour persuader les personnes depréoccupées , que les
hommes & les femmes en sont
également capables ; Mais parce que l'opinion contraire est

des plus enracinées ; il faut pour l'arracher entiérement, la combattre par principes, afin que joignant les apparences convenables au beau sexe, qu'on a présentées dans la premiere partie, avec les raisons Phisiques, qu'on va apporter, l'on puisse absolument estre convaincu en sa faveur.

Que les femmes considerées selon les principes de la saine Philosophie, sont autant capables que les hommes de toutes sortes de connoissances.

IL est aisé de remarquer, que la difference des sexes ne regarde que le corps : n'y ayant proprement que cette partie qui serve à la production des hommes ; & l'esprit ne faisant qu'y préter son consentement, & le faisant en tous de la mesme ma-

L'Esprit n'a point de Sexe.

niere, on peut conclure qu'il n'a poin de sexe.

Si on le considere en luy-mê-me, l'on trouve qu'il est égal & de mesme nature en tous le hommes, & capable de toutes sortes de pensées : les plus petites l'occupent comme les plus grandes ; il n'en faut pas moins pour bien connoistre un Ciron, qu'un Elephant : quiconque sçait en quoy consiste la lumiere & le feu d'une étincelle, sçait aussi ce que c'est que la lumiere du Soleil. Quand on s'est accoûtumé à penser aux choses qui ne regardent que l'Esprit, l'on y voit tout au moins aussi clair que dans ce qu'il y a de plus materiel, qui se connoist par les sens. Je ne découvre pas plus de difference entre l'esprit d'un homme grossier & ignorant, & celuy d'un homme délicat & éclairé, qu'entre l'esprit d'un mê-

Il est égal dans tous les hommes.

me homme confideré à l'âge de dix ans, & à l âge de quarante : & comme il n'en paroift pas davantage entre celuy des deux fexes, on peut dire que leur difference n'eft pas de ce cofté-là. La conftitution du Corps ; mais particulierement l'éducation, l'exercice, & les impreffions de tout ce qui nous environne eftant par tout les caufes naturelles & fenfibles de tant de diverfitez qui s'y remarquent.

D'où vient la differen-ce qui eft entre les hommes.

C'est Dieu qui unit l'Efprit au Corps de la femme, comme à celuy de l'homme, & qui l'y unit par les mefmes Loix, Ce font les fentimens, les paffions, & les volontez, qui font & entretiennent cette union ; & l'efprit n'agiffant pas autrement dans un fexe, que dans l'autre, il y eft également capable des mefmes chofes.

L'Efprit agit dans les femmes come dans les hommes.

Il s'aperçoit des choses de la mesme façon, dans les deux sexes.

CELA est encore plus clair à considerer seulement la teste, qui est l'unique organe des sciences, & où l'Esprit fait toutes ses fonctions, l'Anatomie la plus exacte ne nous fait remarquer aucune difference dans cette partie, entre les hommes & les femmes : le cerveau de celles-cy est entierement semblable au nostre : les impressions des sens s'y reçoivent, & s'y rassemblent de mesme façon & ne s'y conservent point autrement pour l'imagination & pour la memoire. Les femmes entendent comme nous, par les oreilles ; elles voyent par les yeux, & elles goustent avec la langue ; & il n'y a rien de particulier dans la disposition de ces organes, sinon que d'ordinaire elles les ont plus delicats ; ce qui est un avantage. De sorte que les objets exterieurs les touchent de la mesme même façon, la lumiere par les yeux, & le fon par les oreilles. Qui les empefchera donc de s'appliquer à la confideration d'elles-mêmes: d'examiner en quoy confifte la nature de l'Efprit, combien il a de fortes de penfées, & comment elles s'excitent à l'occafion de certains mouvements corporels ; de confulter enfuite les idées naturelles qu'elles ont de Dieu, & de commencer par les chofes fpirituelles à difpofer avec ordre leurs penfées, & à fe faire la fcience qu'on appelle Methaphyfique.

Les femmes font capables de la Metaphifique.

PUISQU'ELLES ont auffi des yeux & des mains, ne pourroient elles pas faire elles-mémes, ou voir faire à d'autres la diffection d'un Corps humain, en confiderer la Symmetrie & la ftructure, remarquer la diverfité, la difference & le rapport de fes parties,

Elles font capables de la Phyfique & de la Medecine.

K

leurs figures, leurs mouvemens, & leurs fonctions, les alterations, dont elles font fufceptibles, & conclure de là le moyen de les conferver dans une bonne difpofition, & de les y rétablir, quand elle eft une fois changée.

IL ne leur faudroit plus pour cela, que connoiftre la nature des Corps exterieurs, qui ont rapport avec le leur, en découvrir les proprietez, & tout ce qui les rend capables d'y faire quelque impreffion bonne ou mauvaife: cela fe connoît par le miniftere des fens, & par les diverfes experiences qu'on en fait : & les femmes eftant également capables de l'un & de l'autre, peuvent apprendre auffi bien que nous, la Phyfique & la Medecine.

FAUT il tant d'efprit, pour connoiftre, que la refpiration eft

abſolument neceſſaire à la con-
ſervation de la vie ; & qu'elle ſe
fait par le moyen de l'air, qui
entrant par le canal du nez & de
la bouche, s'inſinuë dans les pou-
mons, pour y rafraichir le ſang
qui y paſſe en circulant, & y cauſe des alterations differentes, ſelon qu'il eſt plus ou moins groſſier
par le mélange des vapeurs & des
exhalaiſons, dont on le voit quelquefois mélé.

E s t-c e une choſe ſi difficile, *En quoy*
que de découvrir, que le gouſt *conſiſte le*
des alimens conſiſte de la part *gouſt.*
du Corps, dans la differente maniere dont ils ſont delayez ſur
la langue par la ſalive ? Il n'y a
perſonne qui ne ſente aprés le
repas, que les viandes qu'on met
alors dans la bouche, s'y diviſant
tout autrement que celles dont on
s'eſt nourry, y cauſent un ſentiment moins agreable. Ce qui

K ij

reste à connoître des fonctious du corps humain, consideré avec ordre, n'a pas plus de difficulté.

Elles peuvent connoistre les Passions.

Les Passions sont assurément ce qu'il y a de plus curieux en cette matiere. On y peut remarquer deux choses, les mouvemens du corps, avec les pensées & les émotions de l'ame, qui y sont jointes. Les femmes peuvent connoître cela aussi aisément que nous. Quant aux causes qui excitent les Passions, on sçait comment elles le font, quand on a une fois bien compris par l'étude de la Physique & la maniere dont les choses qui nous environnent, nous importent & nous touchent; & par l'experience & l'usage, comment nous y joignons & en separons nos volontez.

Elles peuvent ap-

En faisant des Meditations regulieres sur les objets des trois sciences dont on vient de parler, *prendre la Logique.* une femme peut observer que l'ordre de ses pensées doit suivre celuy de la nature, qu'elles sont justes lors qu'elles y sont conformes, qu'il n'y a que la précipitation dans nos jugemens, qui empéche cette justesse : & remarquant ensuite l'Economie qu'elle auroit gardée pour y arriver, elle pourroit faire des reflexions, qui luy serviroient de regle pour l'avenir, & s'en former une Logique.

Si l'on disoit nonobstant cela, que les femmes ne peuvent pas acquerir, par elles-mémes ces connoissances, ce qui se diroit gratis ; au moins ne pourroit-on nier qu'elles le puissent avec le secours des Maistres & des livres, comme l'ont fait les plus habiles gens, dans tous les siecles.

Il suffit d'alleguer la propre- *Les Mathematiques.*

K iij

té reconnuë du Sexe pour faire croire qu'il est capable d'entendre les proportions de Mathematique : & nous nous contredirions nous-mesmes de douter, que s'il s'appliquoit à la construction des Machines, il n'y. reüssist aussi bien que le nostre, puisque nous luy attribüons plus de genie, & plus d'artifice.

Elles sont capables de l'Astronomie.

Il ne faut que des yeux & un peu d'attention pour observer les Phenomenes de la nature, pour remarquer que le Soleil, & tous les corps lumineux, qui sont au Ciel, sont des feux veritables, puis qu'ils nous frappent & nous éclairent de mesme que les feux d'icy-bas ; qu'ils paroissent successivement répondre à divers endroits de la terre, & pour pouvoir ainsi juger des leur mouvemens & de leur cours : & quiconque peut rouler dans sa teste

de grands delſeins, & en faire
joüer les reſſorts, y peut auſſi faire rouler avec juſteſſe toute la
machine du monde, s'il en a une
fois bien obſervé les diverſes apparences.

Nous avons déja trouvé dans
les femmes toutes les diſpoſitions
qui rendent les hommes propres
aux ſciences, qui les regardent
en eux-meſmes : & ſi nous conti-
nüions d'y regarder d'auſſi prés,
nous y trouverons encore celles
qu'il faut pour les ſciences, qui
les concernent comme liez avec
leurs ſemblables dans la ſocieté civile.

C'est un défaut de la Philo-
ſophie vulgaire de mettre entre
les ſciences une ſi grande diſtinction, qu'on ne peut gueres ſui-
vant la Methode qui luy eſt particuliere, reconnoiſtre aucune
liaiſon entre-elles. Ce qui eſt

Diſtinctiõ
entre les
ſciences.

cause que l'on restreint si fort l'é-
tenduë de l'esprit humain, en s'i-
maginant, qu'un mesme homme
n'est presque jamais capable de
plusieurs sciences ; que pour estre
propre à la Physique & à la Medecine, on ne l'est pas pour cela à
l'Eloquence, ny à la Theologie ;
& qu'il faut autant de genies differens, qu'il y a de sciences differentes.

CETTE pensée vient d'une
part, de ce que l'on confond ordinairement la nature avec la
coûtume, en prenant la disposition de certaines personnes, à
une science plûtost qu'à l'autre,
pour un effet de leur constitution
naturelle, au lieu que ce n'est
souvent qu'une inclination ca-
suelle, qui vient de la necessité, de l'éducation ou de l'habitude : & de l'autre part, faute
d'avoir remarqué qu'il n'y a pro-

prement

prement qu'une fcience au monde, qui eft celle de nous-mêmes,
& que toutes les autres n'en font
que des applications particulieres.

En effet, la difficulté que l'on
trouve aujourd'huy à apprendre
les Langues, la Morale, & le
refte confifte en ce qu'on ne fçait
pas les rapporter à cette fcience
generale: d'où il pourroit arriver,
que tous ceux qui croiroient les
femmes capables de la Phyfique,
& de la Medecine, n'eftimeroient
pas pour cela qu'elles le fuffent
de celles dont on va parler. Cependant, la difficulté eft égale des deux coftez : il s'agit
par tout de bien penfer. On le
fait en appliquant ferieufement
fon efprit aux objets qui fe pre-
fentent, pour s'en former des
idées claires & diftinctes, pour
les envifager par toutes leurs fa-

L

ces, & tous leurs rapports diffe-rens, & pour n'en juger, que sur ce qui paroist manifestement ve-ritable. Il ne faut avec cela que disposer ses pensées dans un or-dre naturel, pour avoir une scien-ce parfaite. Il n'y a rien en cela qui soit au dessus des femmes; & celles qui seroient instruites par cette voye, de la Physique & de la Medecine, seroient capa-bles d'avancer de mesme dans toutes les autres?

Elles sont capables de la Grã-maire.

Pourquoy ne pourroient-elles pas reconnoistre que la necessité de vivre en societé nous obli-geant de communiquer nos pen-sées par quelques signes exte-rieurs, le plus commode de tous est la parole, qui consiste dans l'usage des mots, dont les hom-mes sont convenus. Qu'il doit y en avoir autant de sortes qu'il y a d'idées; qu'il faut qu'ils ayent

entr'eux quelque rapport de fon
& de fignification pour les pouvoir apprendre & retenir plus aifément, & pour n'eftre pas obligé de les multiplier à l'infiny ;
qu'il les faut arranger dans l'ordre le plus naturel, & le plus conforme à celuy de nos penfées, &
n'en employer dans le difcours,
qu'autant qu'on en a befoin,
pour fe faire entendre.

Ces refléxions mettroient une
femme en état de travailler en
Academicienne à la perfection
de fa langue naturelle, reformant
ou retranchant les mauvais mots,
en introduifant de nouveaux, re-
glant l'ufage fur la raifon, & fur
les idées juftes qu'on a des Langues : Et la methode avec laquelle elle auroit appris celle de fon
païs, luy ferviroit merveilleufe-
ment à apprendre celle des étrangers, à en découvrir les délica-

telles, à en lire les autheurs, &
à devenir ainsi tres-habiles dans
la Grammaire, & dans ce qu'on
appelle Humanitez.

L'Elo-
quence.

    L e s femmes aussi bien que
les hommes ne parlent que pour
faire entendre les choses comme
elles les connoissent & pour disposer leurs semblables à agir
comme elles souhaittent, ce
qu'on appelle persuader. Elles y
reüssissent naturellement mieux
que nous. Et pour le faire encore avec art, elles n'auroient qu'à
s'étudier à presenter les choses,
comme elles se presentent à elles,
ou qu'elles s'y presenteroient, si
elles estoient à la place de ceux
qu'elles voudroient toucher. Tous
les hommes estant faits de méme maniere, sont presque toûjours émûs de méme par les objets; & s'il y a quelque difference, elle vient de leurs inclinations,

de leurs habitudes, ou de leur
état : ce qu'une femme connoî-
troit avec un peu de refléxion
& d'usage ; & sçachant disposer
ses pensées, en la façon la plus
convenable, les exprimer avec
politesse & avec grace, & y aju-
ster les gestes, l'air du visage,
& la voix, elle possederoit la veritable Eloquence.

I l n'est pas croyable que les *La Mora-*
femmes puissent pratiquer si hau- *e.*
tement la vertu, sans estre capables d'en pénétrer les maximes
fondamentales. En effet, une
femme déja instruite, comme on
l'a representée, découvriroit elle
méme les regles de sa conduite,
en découvrant les trois sortes de
devoirs qui comprennent toute la
Morale, dont les premiers regardent Dieu, les seconds nous regardent nous-mémes, & les troi-
siémes nostre prochain. Les idées

claires & distinctes qu'elle auroit formées de son esprit, & de
l'union de l'esprit avec le corps,
la porteroient infailliblement à
reconnoistre qu'il y a un autre
esprit infiny, Autheur de toute
la nature, & à concevoir pour
luy les sentimens sur lesquels la
Religion est fondée. Et aprés
avoir appris par la Physique en
quoy consiste le plaisir des sens,
& de quelle façon les choses ex-
terieures contribuënt à la perfection de l'esprit & à la conser-
vation du corps, elle ne manque-
roit pas de juger qu'il faut estre
ennemy de soy-mesme pour n'en
pas user avec beaucoup de moderation. Si elle venoit ensuite à se
considerer comme engagée dans
la societé civile avec d'autres personnes semblables à elle, & sujettes aux mesmes passions, & à
des besoins qu'on ne peut satis-

faire fans une affiftance mutuelle;
elle entreroit fans peine dans cette
penfée de laquelle dépend toute
noftre juftice, qu'il faut traitter
les autres, comme on veut eftre
traitté ; & qu'on doit pour cela
reprimer fes defirs, dont le déreglement qu'on appelle Cupidité,
caufe tout le trouble & tout le
malheur de la vie.

ELLE fe confirmeroit davantage dans la perfuafion du dernier de ces devoirs, fi elle pouf-
foit plus loin fa pointe, en découvrant le fond de la Politique, &
de la Jurifprudence. Comme l'u-
ne & l'autre ne regarde que les
devoirs des hommes entr'eux, elle jugeroit que pour comprendre à quoy ils font obligez dans
la focieté civile, il faut fçavoir ce
qui les a portez à la former. Elle
les confidereroit donc comme
hors de cette focieté, & elle les

*Le Droit
& la Po-
litique.*

L iiij

trouveroit tous entierement libres & égaux , & avec la seule incli-nation de se conserver , & un droit égal sur tout ce qui y seroit necessaire. Mais elle remarque-roit que cette égalité les enga-geant dans une guerre, ou une défiance continuelle, ce qui se-roit contraire à leur fin, la lumie-re naturelle dicteroit, qu'ils ne pourroient vivre en paix , sans re-lâcher chacun de son droit, & sans faire des conventions , & des Contracts : que pour rendre ces actions valides & se tirer d'in-quietude, ce feroit une necessité d'avoir recours à un Tiers, lequel prenant l'authorité contraindroit chacun de garder ce qu'il auroit promis aux autres ; que celuy-cy n'ayant esté choisi que pour l'a-vantage de ses sujets, il ne devroit point avoir d'autre but ; & que pour arriver à la fin de son établiffement, il faudroit qu'il fût maiftre des biens & des perfonnes, de la paix, & de la guerre.

En examinant à fond cette matiere, qui empêcheroit qu'une femme ne trouvaft ce que c'eft que l'Equité naturelle ; ce que c'eft que Contract, authorité, & obeïffance ; quelle eft la nature de la Loy, quel ufage on doit faire des peines, en quoy confifte le droit Civil & celuy des gens, quels font les devoirs des Princes, & des fujets : En un mot, elle apprendroit par fes propres refléxions & par les Livres, ce qu'il faut pour eftre Jurifconfulte, & Politique.

Après qu'elle auroit acquis *La Geographie.* une parfaite connoiffance d'elle-méme, & qu'elle fe feroit folidement inftruite des regles generales de la conduite des hommes, elle feroit peut-eftre bien-aife de s'informer auſſi de quelle maniere on vit dans les païs étrangers. Comme elle auroit remarqué que les changemens de temps, de ſaiſons, de lieu, d'âge, de nourriture, de compagnie, d'exercice luy auroient cauſé des alterations & des paſſions differentes, elle n'auroit pas de peine à reconnoiſtre que ces diverſitez là produiſent le meſme effet, à l'égard des peuples entiers : qu'ils ont des inclinations, des coûtumes, des mœurs, & des loix differentes, ſelon qu'ils ſont plus prés ou plus loin des Mers, du Midy, ou du Septentrion, ſelon qu'il y a des plaines, des montagnes, des rivieres, & des bois chez-eux, que le terroir eſt plus ou moins fertile, & porte des nourritures particulieres ; & ſelon le commerce, & les affaires qu'ils ont avec d'autres peuples voiſins, ou éloi-

D'où vient la diverſité des mœurs qui ſe voit entre les peuples.

gnez ; Elle pourroit étudier toutes ces choſes , & apprendre ainſi
quelles ſont les mœurs, les richeſſes, la religion , le gouvernement,
& les intereſts de vingt ou trente
Nations differentes , auſſi facilement que d'autant de familles
particulieres. Car pour ce qui eſt
de la ſituation des Royaumes , du
rapport des Mers & des Terres,
des Iſles & du Continent ; il n'y
a pas plus de difficulté à l'apprendre dans une Carte , qu'à ſçavoir
les quartiers & les ruës de ſa Ville, & les routes de la Province
où l'on demeure.

LA connoiſſance du preſent
pourroit luy faire naître l'envie *Hiſtoire prophane.*
de connoiſtre auſſi le paſſé ; & ce
qu'elle auroit retenu de Geographie luy ſeroit d'un grand ſecours
dans ce deſſein , luy donnant
moyen d'entendre mieux les affaires, comme les guerres , les

voyages, & les negotiations, luy marquant les lieux où elles se sont faites ; les passages, les chemins, & la liaison des Etats. Mais ce qu'elle sçauroit de la maniere d'agir des hommes en general, par les refléxions qu'elle auroit faites sur elle-méme, la feroit entrer dans le fin de la Politique, des interests, & des passions ; & l'aideroit à découvrir, le mobile & le ressort des entreprises, la source des revolutions, & à suppléer dans les grands desseins, les petites choses qui les ont fait reüssir, & qui sont échapées aux Historiens : & suivant les idées justes qu'elle auroit du vice & de la vertu, elle remarqueroit la flatterie, la passion, & l'ignorance des Autheurs, & se garantiroit ainsi de la corruption, que l'on prend dans la lecture des Histoires, où ces défauts sont mélez ordinairement. Comme la Politique ancienne n'estoit pas si rafinée que la moderne, & que les interests des Princes estoient moins liez autrefois qu'à present, & le commerce moins étendu, il faut plus d'esprit, pour entendre & démêler les Gazettes, que Titelive & Quinte-curse.

IL y a quantité de personnes qui trouvent l'histoire Ecclesiastique plus agreable & plus solide, que l'histoire prophane ou civile : parce qu'on y remarque, que la raison & la vertu sont poussées plus loin ; & que les passions & les préjugez couverts du prétexte de la religion, font prendre à l'esprit un tour tout particulier dans sa conduite. Une femme s'y appliqueroit avec d'autant plus d'affection, qu'elle la jugeroit plus importante : elle se convaincroit que les Livres de l'Ecritu-

L'histoire Ecclesiastique & la Theologie.

re ne font pas moins authentiques
que tous les autres que nous
avons ; qu'ils contiennent la veritable Religion , & toutes les
maximes fur lefquelles elle eft
fondée ; que le nouveau Teftament où commence proprement
l'hiftoire du Chriftianifme, n'eft
pas plus difficile à entendre que
les Autheurs Grecs & Latins ;
que ceux qui le lifent dans la fim-
plicité des enfans, ne cherchant
que le Royaume de Dieu, en découvrent la verité & le fens avec
plus de facilité & de plaifir, que
celuy des Enigmes, des Emblêmes, & des Fables. Et aprés s'ê-
tre reglé l'efprit par la morale de
Jesus - Christ, elle fe trouveroit en eftat de diriger fes femblables ; de lever leurs fcrupules,
& de refoudre les cas de confcien-
ce avec plus de folidité, que fi elle
s'eftoit remply la tefte de tous les
Cafuiftes du monde.

JE ne vois rien qui empéchaſt que dans la ſuite de ſon étude, elle n'obſervaſt auſſi facilement que feroit un homme, comment l'Evangile eſt paſſé de main en main, de Royaume en Royaume, de ſiecle en ſiecle, juſques au ſien ; qu'elle ne priſt par la lecture des Peres l'idée de la vraye Theologie, & ne trouvaſt qu'elle ne conſiſte qu'à ſçavoir l'hiſtoire des Chreſtiens & les ſentimens particuliers, de ceux qui en ont écrit. Ainſi elle ſe rendroit aſſez habile pour faire des ouvrages ſur la Religion, pour annoncer la verité, & pour combattre les nouveautez, en montrant ce qui a toûjours eſté crû, & dans toute l'Egliſe, ſur les matieres conteſtées.

SI une femme eſt capable de *Le droit* s'inſtruire par l'hiſtoire de ce que *civil.* font toutes les ſocietez publiques,

comment-elles se sont formées, &
comment-elles se maintiennent
en vertu d'une authorité fixe &
constante, exercée par des Ma-
gistrats & des Officiers subor-
donnez les uns aux autres, elle
ne l'est pas moins de s'informer
de l'application de cette authorité, dans les Loix, les Ordonnances, & les Reglemens, pour
la conduite de ceux qui y sont
soûmis, tant pour le rapport des
personnes, selon les diverses conditions, que pour la possession &
pour l'usage des biens. Est-ce une
chose si difficile à sçavoir, quel
rapport il y a entre un mary &
sa femme, entre le pere & les enfans, entre le maistre & les do-
mestiques, entre un Seigneur &
ses vassaux, entre ceux qui sont
alliez, entre un Tuteur & un Pu-
pille? Y a-t-il tant de mystere à
entendre ce que c'est que de posseder

feder par achat, par échange, par donation, par legs, par teftament, par prefcription, par ufufruit, & quelles font les conditions neceflaires, pour rendre ces ufages valides ?

Il ne paroift pas qu'il faille plus d'intelligence pour bien prendre l'efprit de la focieté Chrétienne, que celuy de la focieté Civile ; pour former une idée jufte de l'autorité qui luy eft particuliere, & fur laquelle eft fondée toute fa conduite, & pour diftinguer précifément celle que Jesus-Christ a laiffée à fon Eglife, d'avec la domination qui n'appartient qu'aux Puiffances temporelles. Aprés avoir fait cette diftinction abfolument neceflaire pour bien entendre le Droit-Canon, une femme le pourroit étudier, & remarquer comment l'Eglife s'eft reglée fur le

Le Droit-Canon.

M

Civil, & comment l'on a mêlé la
jurifdiction feculiere avec la fpi-
rituelle ; en quoy confifte la Hie-
rarchie ; quelles font les fonctions
des Prélats, ce que peuvent les
Conciles, les Papes, les Evef-
ques, & les Pafteurs : ce que c'eft
que Difcipline, quelles en font les
regles, & les changemens : Ce
que c'eft que Canons, privile-
ges, & exemptions : Comment
fe font établis les benefices, quel
en eft l'ufage & la poffeffion:
En un mot, quelles font les Coûtumes & les Ordonnances de l'E-
glife, & les devoirs de tous ceux
qui la compofent. Il n'y a rien là
dequoy une femme ne foit tres-
capable, & ainfi elle pourroit
devenir tres-fçavante dans le
Droit-Canon.

VOILA quelques idées ge-
nerales des plus hautes connoiffances dont les hommes fe font

servis pour signaler leur esprit &
pour faire fortune, & dont ils
sont depuis si long-temps en possession au préjudice! des femmes.
Et quoy qu'elles n'y ayent pas
moins de droit qu'eux, il ont
neantmoins à leur égard des pensées & une conduite qui sont
d'autant plus injustes, qu'on ne
voit rien de pareil dans l'usage
des biens du corps.

L'on a jugé à propos que la
prescription eust lieu pour la
paix & la seureté des familles :
c'est-à-dire, qu'un homme qui
auroit joüy du bien d'autruy sans
trouble & de bonne foy, durant
un certain espace de temps, en
demeureroit possesseur, sans
qu'on y peust rien prétendre
aprés. Mais on ne s'est jamais
avisé de croire que ceux qui en
estoient décheus par negligence,
ou autrement, fussent incapables

d'y rentrer par quelque voye, & l'on n'a jamais regardé leur inhabilité que comme civile.

A u contraire, l'on ne s'eſt pas contenté de ne point rappeller les femmes au partage des ſciences & des emplois, aprés une longue preſcription contre-elles; on a paſſé plus loin, & l'on s'eſt figuré que leur excluſion eſt fondée ſur une impuiſſance naturelle de leur part.

Ce n'eſt point à cauſe d'une indiſpoſition naturelle que les femmes ſont excluës des ſciences. CEPENDANT il n'y a rien de plus chimerique, que cette imagination. Car ſoit que l'on conſidere les ſciences en elles-meſmes, ſoit qu'on regarde l'organe qui ſert à les acquerir, on trouvera que les deux Sexes y ſont également diſpoſez. Il n'y a qu'une ſeule methode, & une ſeule voye pour inſinuer la verité dans l'eſprit, dont elle eſt la nourriture, comme il n'y en a qu'une pour faire entrer les alimens, dans toutes fortes d'eftomacs pour la fubfiftance du corps. Pour ce qui eft des differentes difpofitions de cét organe, qui rendent plus ou moins propres aux fciences, fi l'on veut reconnoiftre de bonne foy ce qui en eft, on avoüera que le plus eft pour les femmes.

L'o n ne peut difconvenir, que ceux d'entre les hommes qui font fi groffiers & fi materiels, ne foient ordinairement ftupides, & qu'au contraire les plus délicats font toûjours les plus fpirituels. Je trouve là-deffus l'experience trop generale & trop conftante, pour avoir befoin de l'appuyer icy de raifons : ainfi le beau Sexe eftant d'un temperamment plus délicat que le noftre, ne manque-roit pas de l'égaler au moins, s'il s'appliquoit à l'étude.

Qui font ceux qui font les plus pro-pres aux fciences.

J e prévois bien que cette pensée ne sera pas goûtée de beaucoup de gens qui la trouveront un peu forte. Je n'y sçaurois que faire : l'on s'imagine qu'il y va de l'honneur de nostre Sexe de le faire primer par tout : & moy je crois qu'il est de la justice de rendre à un chacun ce qui luy appartient.

Les deux Sexes ont un droit égal sur les sciences.

E N effet nous avons tous hommes & femmes, le mesme droit sur la verité, puisque l'esprit est en tous également capable de la connoistre, & que nous sommes tous frappez de la mesme façon, par les objets qui font impression sur le corps. Ce droit que la nature nous donne à tous sur les mesmes connoissances, naist de ce que nous en avons tous autant de besoin les uns que les autres. Il n'y a personne qui ne cherche à estre heureux, & c'est à quoy tendent toutes nos actions ; &

pas un ne le peut-eſtre ſolidement
que par des connoiſſances claires,
& diſtinctes ; & c'eſt en cela
que JESUS-CHRIST meſme
& ſaint Paul nous font eſperer,
que conſiſtera le bon-heur de
l'autre vie. Un avare s'eſtime
heureux, lorſqu'il connoiſt, qu'il
poſſede de grandes richeſſes ; un
ambitieux lorſqu'il s'apperçoit
qu'il eſt au deſſus de ſes ſemblables : En un mot, tout le bon-
heur des hommes, vray ou ima-
ginaire, n'eſt que dans la connoiſſance, c'eſt-à-dire dans la penſée
qu'ils ont de poſſeder le bien
qu'ils recherchent.

*Le bon-
heur con-
ſiſte dans
la connoiſ-
ſance.*

C'EST ce qui me fait croire
qu'il n'y a que les idée de la verité, qu'on ſe procure par l'é-
tude, & qui ſont fixes & indé-
pendentes de la poſſeſſion ou du
manquement des choſes, qui
puiſſent faire la vraye felicité de

cette vie. Car ce qui fait qu'un
avare ne peut-eftre heureux,
dans la fimple connoiffance qu'il
a des richeffes ; C'eft que cette
connoiffance pour faire fon bon-
heur, doit eftre liée avec le defir
ou l'imagination de les poffeder
pour le prefent : Et lors que fon
Imagination les luy reprefente
comme éloignées de luy , & hors
de fa puiffance , il ne peut y penfer fans s'affliger. Il en va tout
autrement de la fcience qu'on a
de foy-méme , & de toutes celles
qui en dépendent : mais particulierement de celles qui entrent
dans le commerce de la vie. Puis
donc que les deux Sexes font capables de la méme felicité ; Ils
ont le méme droit fur tout ce qui
fert à l'acquerir.

*Que la
vertu con-
fifte dans
la connoif-
fance.* LORSQUE l'on dit que le bon-
heur confifte principalement dans
la connoiffance de la verité, on
n'en

n'en exclut pas la vertu; on estime au contraire que celle-cy en fait le plus essentiel. Mais un homme n'est heureux par la vertu qu'autant qu'il connoît qu'il en a, ou qu'il tâche d'en avoir. Cela veut dire, qu'encore qu'il suffise pour estimer un homme heureux, de voir qu'il pratique la vertu, quoy qu'il ne la connoisse pas parfaitement, & mesme que cette pratique avec une connoissance confuse & imparfaite, puisse contribuer à acquerir le bonheur de l'autre vie, il est certain qu'il ne peut luy-même s'estimer solidement heureux, sans s'appercevoir qu'il fait le bien : comme il ne se croiroit point riche, s'il ne sçavoit, qu'il possede des richesses.

CE qui est cause qu'il y a si peu de gens qui ayent du goust & de l'amour pour la veritable ver-

Pourquoy si peu de gens aiment la vertu.

N

tu, c'est qu'ils ne la connoissent pas, & n'y faisant point d'attention, lors qu'ils la pratiquent, ils ne sentent point la satifaction qu'elle produit, & qui fait le bonheur dont nous parlons. Cela vient de ce que la vertu n'est pas une simple speculation du bien auquel on est obligé, mais un desir effectif, qui naît de la persuasion qu'on en a : & on ne la peut pratiquer avec plaisir sans ressentir de l'émotion. Parce qu'il en est comme des liqueurs les plus excellentes qui semblent quelquefois ameres ou sans douceur, si lors qu'elles sont sur la langue, l'esprit est occupé ailleurs, & ne s'applique point au mouvement qu'elles y causent.

Qu'il faut estre sçavant pour estre solidement vertueux. Non seulement les deux Sexes ont besoin de lumiere pour trouver leur bonheur dans la pratique de la vertu, ils en ont enco-

re besoin pour la bien pratiquer.
C'est la persuasion qui fait agir,
& l'on est d'autant plus persuadé
de son devoir, qu'on le connoît
plus parfaitemet. Le peu qu'on
a dit icy sur la Morale, suffit pour
insinuer que la science de nous
mêmes est tres-importante pour
rendre plus forte la persuasion
des devoirs ausquels on est obligé : & il ne seroit pas difficile de
montrer comment toutes les autres y contribuent, ny de faire
voir que la raison pourquoy tant
de personnes pratiquent si mal
la vertu, ou tombent dans le
déreglement, c'est uniquement
l'ignorance de ce qu'ils sont.

C E qui fait croire communément, qu'il n'est pas besoin d'ê-
tre sçavant pour estre vertueux,
c'est que l'on voit dans le vice,
quantité de gens, qui passent
d'ailleurs pour habiles, d'où l'on

*D'où vient
que quel-
ques sça-
vans sont
vicieux.*

se figure que non seulement la science est inutile pour la vertu : mais même qu'elle y est souvent pernicieuse. Et cette erreur rend suspect aux esprits foibles & peu instruits, la pluspart de ceux qui sont en reputation d'estre plus éclairez que les autres, & donne en mesme temps du mépris & de l'aversion pour les plus hautes connoissances.

L'on ne prend pas garde qu'il n'y a que les fausses lumieres qui laissent ou jettent les hommes dans le desordre : parce que les idées confuses que la fausse Philosophie donne de nous-mêmes, & de ce qui entre dans le corps de nos actions, broüillent tellement l'esprit, que ne sçachant ce qu'il est, ny ce que sont les choses qui l'environnent, ny le rapport qu'elles ont avec luy, & ne pouvant soûtenir le poids des difficultez qui se presentent dans cette obscurité, il faut necessairement qu'il succombe & qu'il s'abandonne à ses passions, la raison estant trop foible pour l'arréter.

Ce n'est donc que sur une terreur Panique qu'est fondée l imagination bizarre qu'a le vulgaire, que l'étude rendroit les femmes plus méchantes & plus superbes. Il n'y a que la fausse science capable de produire un effet si mauvais. On ne peut apprendre la veritable; sans en devenir plus humble & plus vertueux; & rien n'est plus propre à rabaisser la fumée, & à se convaincre de sa foiblesse, que de considerer tous les ressorts de sa machine; la délicatesse de ses organes, le nombre presque infiny d'alterations, & de déreglemens penibles ausquels elle est si sujette. Il n'y a

Que l'étude ne donneroit point d'orgueil aux femmes.

N iij

point de meditation plus capable
d'inſpirer de l'humilité, de la moderation, & de la douceur à un
homme tel qu'il puiſſe eſtre, que
de faire attention par l'étude de la
Phyſique, à la liaiſon de ſon eſprit avec le corps, & de remarquer qu'il eſt aſſujetty à tant de
beſoins; que la dépendence où
il eſt dans ſes fonctions des plus
délicates parties du corps, le tient
ſans ceſſe expoſé à mille ſortes de
troubles & d'agitations fâcheu-
ſes, que quelques lumieres qu'il
ait acquiſes, il ne faut preſque
rien pour les confondre entierement; qu'un peu de bile ou de
ſang plus chaud ou plus froid
qu'à l'ordinaire, le jettera peut-
eſtre dans l'extravagance, dans la
folie & dans la fureur, & luy
fera ſouffrir des convulſions é-
pouvantables.

Comme ces refléxions trou-

veroient prise dans l'esprit d'une
femme, aussi-bien que dans celuy
d'un homme, elles en chasseroient
l'orgueil, bien loin de l'y faire
venir. Et si après s'estre remply
l'esprit des plus belles connoissances , elle r'appelloit dans sa memoire toute sa conduite passée ,
pour voir comment elle seroit ar-
rivée à l'état heureux où elle se
trouveroit , bien loin de s'en élever au dessus des autres , elle
verroit dequoy s'humilier davantage ; puisqu'elle observeroit
necessairement dans cette reveuë,
qu'elle avoit auparavant une infinité de préjugez dont elle n'a
pû se défaire qu'en combattant
avec peine les impressions de la
coûtume , de l'exemple & des
passions qui l'y retenoient malgré elle;que tous les efforts qu'elle a faits pour découvrir la verité , luy ont esté presque inutiles ,

*Avis tres-
important
pour tous
les sçavans.*

N iiij

que ç'a esté comme par hazard
qu'elle s'est presentée à elle, &
lors qu'elle y pensoit le moins,
& en des rencontres qui n'arri-
vent gueres qu'une seule fois en
la vie, & à tres-peu de personnes;
d'où elle concluroit infailliblement qu'il est injuste & ridicule
d'avoir des ressentimens ou du
mépris pour ceux qui ne sont pas
éclairez comme nous, ou qui sont
dans un sentiment contraire, &
qu'il faut avoir pour eux encore
plus de complaisance, & de compassion; parce que s'ils ne voyent
pas la verité comme nous, ce
n'est pas leur faute : mais c'est
qu'elle ne s'est pas presentée à
eux, quand ils l'ont recherchée, &
qu'il y a encore quelque voile de
leur part ou de la nostre, qui
l'empéche de paroistre à leur esprit dans tout son jour : & considerant qu'elle tiendroit pour vray

ce qu'elle auroit crû faux auparavant , elle jugeroit fans doute
qu'il pourroit encore arriver dans
la fuite , qu'elle fift de nouvelles
découvertes par lefquelles elle
trouveroit faux ou erroné, ce qui
luy auroit femblé tres - veritable.

S ı il y a eu des femmes qui
foient devenuës méprifantes, fe
fentant plus de lumiere ; il y a
auffi quantité d'hommes qui tombent tous les jours dans ce vice ;
& cela ne doit pas eftre regardé
comme un effet des fciences
qu'elles poffedoient ; mais de ce
que l'on en faifoit myftere à leur
Sexe : & comme d'un cofté ces
connoiffances font d'ordinaire
fort confufes , & que de l'autre,
celles qui les ont fe voyent un
avantage qui leur eft particulier,
il ne faut pas s'étonner qu'elles
en prennent un fujet d'éleve-

ment, & c'eſt une neceſſité preſque infaillible, que dans cét état,
le même leur arrive, qu'à ceux
qui ayant peu de naiſſance &
de bien, ont fait avec peine une
fortune éclatante : leſquels ſe
voyant élevez à un poſte où ceux
de leur ſorte n'ont point accoûtumé de monter, l'eſprit de ver-
tige les prend, & leur preſente
les objets tout autrement qu'ils
ne ſont. Au moins eſt-il tres-
vray-ſemblable que l'orgueil pré-
tendu des ſçavantes, n'eſtant rien
en comparaiſon de celuy de ces
ſçavans qui prennent le tiltre de
Maîtres & de Sages : les femmes y ſeroient moins ſujettes, ſi
leur Sexe entroit avec le noſtre
en partage égal des avantages qui
le produiſent.

Que les
ſciences
ſont neceſ-
ſaires à au-
C'EST donc une erreur populaire que de s'imaginer que l'étude eſt inutile aux femmes, parce

dit-on, qu'elles n'ont point de part aux emplois, pour lesquels on s'y applique. Elle leur est aussi necessaire que le bon-heur & la vertu ; puisque sans cela on ne peut posseder parfaitement ny l'un ny l'autre. Elle l'est pour acquerir la justesse dans les pensées & la justice dans les actions : Elle l'est pour nous bien connoistre nous-mémes & les choses qui nous environnent, pour en faire un usage legitime, & pour regler nos passions, en moderant nos desirs. Se rendre habile pour entrer dans les charges & les dignitez, c'est un des usages de la science, & il en faut acquerir le plus qu'on peut pour estre Juge, ou Evesque, parce qu'on ne peut autrement se bien acquiter des fonctions de ces estats, mais non pas précisément pour y arriver & pour devenir plus heureux par la posses-

tre chose qu'aux emplois.

fion des honneurs & des avantages qu'ils produifent, ce feroit
faire de la fcience un ufage bas &
fordide.

A i n s i il n'y a que le peu de
lumiere, ou un intereft fecret &
aveugle, qui puiffe faire dire que
les femmes doivent demeurer excluës des fciences par la raifon
qu'elles n'y ont jamais eu de part
publiquement. Il n'eft pas des
biens de l'efprit comme de ceux
du corps ; il n'y a point de prefcription contre : & quelque
temps que l'on en ait efté privé,
il y a toûjours droit de retour.
Les mêmes biens du corps ne
pouvant eftre poffedez en même-
temps par plufieurs perfonnes,
fans diminution de part & d'autre, l'on a eu raifon pour le falut
des familles; d'y maintenir les pof-
feffeurs de bonne foy au préjudice des anciens propriétaires.

*Il n'y a
point de
prefcription
en matiere
de fcience.*

MAIS pour les avantages de l'esprit, il en est tout autrement. Chacun a droit sur tout ce qui est du bon sens : le Ressort de la raison n'a point de borne ; elle a dans tous les hommes une égale jurisdiction. Nous naissons tous juges des choses qui nous touchent ; & si nous ne pouvons pas tous en disposer avec un pouvoir égal, nous pouvons au moins les connoistre tous également. Et comme tous les hommes joüissent de l'usage de la lumiere & de l'air, sans que cette communication soit préjudiciable à personne, tous peuvent aussi posséder la verité sans se nuire les uns aux autres. Et même plus elle est connuë, plus elle paroist belle & lumineuse : plus il y a de personnes qui la cherchent, & plûtost on la découvre : & si les deux Sexes y avoient travaillé également, on

l'auroit plûtoſt trouvée. De
ſorte que la verité & la ſcience
ſont des biens impreſcriptibles:
& ceux qui en ont eſté privez y
peuvent rentrer ſans faire tort à
ceux qui en ſont déja les maîtres.
Il ne peut donc y avoir que ceux
qui veulent dominer ſur les eſprits par la creance, qui ayent ſujet d'apprehender ce retour, dans
la crainte que ſi les ſciences deve-
noient ſi communes, la gloire ne
le devint auſſi, & que celle où ils
aſpirent, ne ſe diminuaſt par le
partage.

Qe les femmes ne ſont pas moins capables que les hommes des Emplois de la ſocieté.

C'eſt pourquoy il n'y a aucun inconvenient que les femmes s'appliquent à l'étude comme nous. Elles ſont capables d'en

faire auſſi un tres-bon uſage, &
d'en tirer les deux avantages que
l'on en peut eſperer, l'un d'avoir
les connoiſſances claires & diſtinctes, que nous deſirons naturellement, & dont le deſir eſt ſouvent étouffé & aneanty par la
confuſion des penſées & par les
beſoins & les agitations de la vie;
& l'autre d'employer ces connoiſſances pour leur conduite particuliere, & pour celle des autres dans
les differens états de la ſocieté,
dont on fait partie. Cela ne s'accorde pas avec l'opinion commune. Il y en a beaucoup qui croiront bien que les femmes peuvent apprendre ce que l'on comprend ſous les ſciences Phyſi-
ques ou naturelles ; mais non pas
qu'elles ſoient auſſi propres que
les hommes à celles qu'on peut
appeller Civiles, comme la Morale, la Juriſprudence, & la Poli-

tique, & que si elles peuvent se conduire elles - mêmes par l'application des maximes de ces dernieres, elles ne pourront pas pour cela conduire les autres.

L'on a cette pensée faute de prendre garde que l'esprit n'a besoin dans toutes ses actions que de discernement & de justesse, & que quiconque a une fois ces deux qualitez en une chose, peut les avoir aussi aisément & par la méme voye dans tout le reste. La Morale ou le Civil ne change point la nature de nos actions: elles demeurent toûjours Physiques: parce que la Morale n'est autre chose, que de sçavoir la maniere dont les hommes regardent les actions de leurs semblables par rapport aux idées qu'ils ont du bien ou du mal, du vice & de la vertu, de la justice & de l'injustice : & de même qu'ayant

une

une fois bien compris les regles
du mouvement dans la Phyſique,
on peut les appliquer à tous les
changemens & à toutes les varie-
tez qu'on remarque dans la nature : auſſi ſçachant une fois les
veritables maximes des ſciences
Civiles, l'on n'a pas plus de difficulté à en faire l'application aux
incidens nouveaux qui ſurvien-
nent.

Ceux qui ſont dans les Emplois, n'ont pas toûjours plus
d'eſprit que les autres pour avoir
eu plus de bon-heur : & même il
n'eſt pas neceſſaire qu'ils en ayent
plus que le commun ; quoy qu'il
ſoit à ſouhaiter qu'on n'y admît
que ceux qui y ſeroient les plus
propres. Nous agiſſons toûjours
de la même façon & par les mêmes regles en quelque état que
nous nous trouvions ; ſinon que
plus les états ſont relevez, plus

O

nos foins & nos veuës font étenduës, parce qu'il y faut plus agir. Et tout le changement qui arrive aux hommes, que l'on met au deffus des autres, eft comme celuy d'une perfonne qui eftant monté au haut d'une Tour, porte fa veuë plus loin, & découvre plus de differens objets que ceux qui demeurent en bas: c'eft pourquoy fi les femmes font autant capables que nous de fe bien conduire elles-mêmes, elles le font auffi de conduire les autres, & d'avoir part aux emplois & aux dignitez de la focieté Civile.

elles font capables d'enfeigner.

LE plus fimple & le plus naturel ufage que l'on puiffe faire en public des fciences qu'on a bien apprifes, c'eft de les enfeigner aux autres: & fi les femmes avoient étudié dans les Univerfitez, avec les hommes, ou dans celles qu'on auroit établies pour elles en particulier , elles pourroient entrer dans les degrez , & prendre le tiltre de Docteur & de Maître en Theologie & en Medecine, en l'un & en l'autre Droit : & leur genie qui les difpofe fi avantageufement à apprendre , les difpoferoit auffi à enfeigner avec fuccez. Elles trouveroient des methodes & des biais infinuans pour infpirer leur doctrine ; elles découvriroient adroitement le fort & le foible de leurs difciples, pour fe proportionner à leur portée, & la facilité qu'elles ont à s'énoncer, & qui eft un des plus excellens talens des bons Maîtres, acheveroit de les rendre des Maiftreffes admirables.

L'EMPLOY le plus appprochant de celuy de Maître, c'eft d'eftre Pafteur ou Miniftre dans l'Eglife, & l'on ne peut montrer qu'il y ait autre chofe que la Coûtume

Elles font capables des dignitez Ecclefiaftiques.

O ij

qui en éloigne les femmes. Elles
ont un esprit comme le nostre,
capable de connoistre & d'aimer
Dieu, & ainsi de porter les autres à le connoistre & à l'aimer.
La foy leur est commune avec
nous: L'Evangile & ses promesses
ne s'adressent pas moins à elles.
La charité les comprend aussi
dans ses devoirs, & si elles sçavent en pratiquer les actions, ne
pourroient-elles pas aussi en enseigner publiquement les maximes. Quiconque peut prêcher
par ses exemples, le peut encore à
plus forte raison par ses paroles:
Et une femme qui joindroit l'éloquence naturelle à la morale de
JESUS - CHRIST, seroit aussi capable qu'un autre, d'exhorter, de
diriger, de corriger, d'admettre
dans la société Chrétienne ceux
qui en seroient dignes, & d'en
retrancher ceux qui refuseroient

d'en obferver les reglemens, aprés s'y eftre foûmis. Et fi les hommes eftoient accoûtumez à voir les femmes dans une chaire, ils n'en feroient pas plus touchez que les femmes le font des hommes.

Nous ne nous fommes affemblez en focieté, que pour vivre en paix, & pour trouver dans une affiftance mutuelle tout ce qui eft neceffaire pour le corps & pour l'efprit. On ne pourroit en joüir fans trouble, s'il n'y avoit point d'Authorité ; c'eft à dire qu'il faut pour cela que quelques perfonnes ayent le pouvoir de faire des loix, & d'impofer des peines à ceux qui les violent. Pour bien ufer de cette authorité, il faut fçavoir à quoy elle oblige, & eftre perfuadé que ceux qui la poffedent ne doivent avoir pour but en l'employant que de

Elles peuvont avoir l'authorité.

O iij

procurer le salut & l'avantage de ceux qui leur sont inferieurs. Les femmes n'estant pas moins susceptibles de cette persuasion que les hommes, ceux-cy ne pourroient-ils pas se soûmettre à elles, Et consentir non seulement de ne pas resister à leurs ordres ; mais même de contribuer autant qu'ils pourroient pour obliger à leur obeïr ceux qui en feroient difficulté.

Elles peuvent estre Reines.

AINSI rien n'empécheroit qu'une femme ne fust sur un Trône, & que pour gouverner ses peuples, elle n'étudiast leur naturel, leurs interests, leurs loix, leurs coûtumes, & leurs usages ; qu'elle n'eust égard qu'au merite dans la distribution des charges : qu'elle ne mist dans les Emplois de la robe & de l'épée que des personnes équitables : & dans les dignitez de l'Eglise que des gens

de lumiere & d'exemple. Eft-ce
une chofe fi difficile, qu'une femme ne le puiffe faire , que de
s'inftruire du fort & du foible
d'un Etat, & de ceux qui l'environnent , d'entretenir chez les
étrangers des intelligences fecret-
tes pour découvrir leurs deffeins,
& pour rompre leurs mefures, &
d'avoir des Efpions & des Emif-
faires fidels dans tous les lieux
fufpects, pour eftre informé exactement de tout ce qui s'y paffe,
à quoy l'on auroit intereft ? Faut-
il pour la conduite d'un Royaume plus d'application , & plus
de vigilance que les femmes en
ont pour leurs familles, & les
Religieufes pour leurs Convens ?
Le rafinement ne leur manque-
roit non plus dans les negotiations publiques, qu'il leur manque dans les affaires particulieres,
& comme la pieté & la douceur

font naturelles à leur Sexe, la domination en feroit moins rigoureufe, que n'a efté celle de plufieurs Princes, & l'on fouhaiteroit fous leur regne, ce que l'on a craint fous tant d'autres, que les fujets fe reglaffent fur l'exemple des perfonnes qui les gouvernent.

I L eft aifé de conclure que fi les femmes font capables de poffeder fouverainement toute l'authorité publique, elles le font encore plus de n'en eftre que les Miniftres : comme d'eftre Vicereines, Gouvernantes, Secretaires, Confeilleres d'Etat, Intendantes des Finances.

Elles peuvent eftre Generalles d'Armée.

Pour moy je ne ferois pas plus furpris de voir une femme le cafque en tefte, que de luy voir une Couronne : Prefider dans un Confeil de Guerre, comme dans celuy d'un Etat : Exercer elle-même

même fes foldats, ranger une armée en bataille, la partager en
plufieurs corps, comme elle fe
divertiroit à le voir faire. L'Art
Militaire n'a rien pardeffus les
autres, dont les femmes font capables, finon qu'il 'eft plus rude
& qu'il fait plus de bruit & plus
de mal. Les yeux fuffifent pour
apprendre dans une Carte un peu
exacte, toutes les routes d'un
païs, les bons & les mauvais paf-
fages, les endroits les plus propres aux furprifes, & aux campe-
mens. Il n'y a gueres de foldats
qui ne fçachent bien qu'il faut
occuper les défilez avant que d'y
engager fes troupes, regler toutes
fes entreprifes fur les avis certains
de bons Efpions ; tromper même
fon armée par des rufes & des
contre-marches pour mieux cacher fon deffein. Une femme
peut cela, & inventer des ftra-

P

tagêmes pour surprendre l'Ennemy, luy mettre le vent, la poussiere, le Soleil en face : & l'attaquant d'un costé, le faire envelopper par l'autre : luy donner de fausses alarmes, l'attirer dans une embuscade par une fuite simulée ; livrer une bataille & monter la premiere à la bréche pour encourager ses soldats. La persuasion & la passion font tout : & les femmes ne témoignent pas moins d'ardeur & de resolution, lorsqu'il y va de l'honneur, qu'il en faut pour attaquer & pour défendre une place.

Elles sont capables des charges de judicature.

Que pourroit-on trouver raisonnablement à redire, qu'une femme de bon sens, & éclairée, présidast à la teste d'un Parlement & de toute autre Compagnie. Il y a quantité d'habiles gens qui auroient moins de peine à apprendre les Loix & les Coûtumes d'un Etat, que celle des jeux, que les femmes entendent si bien: il est aussi aisé de les retenir qu'un Roman entier. Ne peut-on pas voir le point d'une affaire aussi facilement, que le dénouëment d'une Intrigue dans une piece de Theâtre, & faire aussi fidelement le rapport d'un procez que le recit d'une Comedie? Toutes ces choses sont également faciles à ceux qui s'y appliquent également.

Comme il n'y a ny charge ny employ dans la societé qui ne soit renfermé dans ceux dont on vient de parler, ny où l'on ait besoin de plus de science, ny de plus d'esprit: il faut reconnoistre que les femmes sont propres à tout.

Outre les dispositions naturelles de corps, & les idées que l'on a des fonctions & des devoirs de fon Employ, il y a encore un certain acceſſoire qui rend plus ou moins capable de s'en acquiter dignement : la perſuaſion de ce qu'on eſt obligé de faire, les conſiderations de Religion & d'intereſt, l'émulation entre les pareils, le deſir d'acquerir de la gloire, de faire, de maintenir, ou d'augmenter ſa fortune. Selon qu'un homme eſt plus ou moins touché de ces choſes il agit tout autrement : & les femmes n'y eſtant pas moins ſenſibles que les hommes, elles leur ſont à l'égard des Emplois, égales en tout.

Les femmes doivent s'appliquer à l'étude.

L'on peut donc en aſſeurance exhorter les Dames à s'appliquer à l'étude, ſans avoir égard aux petites raiſons de ceux qui entreprendroient de les en détourner. Puiſqu'elles ont un eſprit comme nous capable de connoiſtre la verité, qui eſt la ſeule choſe qui les puiſſe occuper dignement, elles doivent ſe mettre en état d'éviter le reproche d'avoir enfermé un talent qu'elles pouvoient faire valoir, & d'avoir retenu la verité dans l'oiſiveté & dans la molleſſe. Il n'y a pas d'autre moyen pour elles de ſe garantir de l'erreur & de la ſurpriſe, à quoy ſont ſi expoſées les perſonnes qui n'apprennent rien, que par la voye des Gazettes, c'eſt-à-dire, par le ſimple rapport d'autruy, & il n'y en a point d'autre non plus pour eſtre heureuſes en cette vie, en pratiquant la vertu, avec connoiſſance.

Quelque intereſt qu'elles cherchent outre celuy-là, elles le rencontreront dans l'étude. Si les Cercles eſtoient changez en Academies, les entretiens y ſeroient plus ſolides, plus agreables, & *L'utilité de l'étude pour les femmes.*

P iij

plus grans : Et chacune peut juger de la satisfaction qu'elle auroit à parler des plus belles choses, par celle qu'elle ressent quelquefois à en entendre parler les autres. Quelques legeres que fussent les sujets de conversation, elles auroient le plaisir de les traiter plus spirituellement que le commun : Et les manieres délicates qui sont si particulieres à leur Sexe, estant fortifiées de raisonnemens solides, en toucheroient bien davantage.

Celles qui ne cherchent qu'à plaire y trouveroient admirablement leur compte ; & l'éclat de la beauté du corps relevé par celuy de l'esprit, en seroit cent fois plus vif. Et comme les femmes les moins belles, sont toûjours regardées de bon œil, lorsqu'elles sont spirituelles, les avantages de l'esprit cultivez par

l'étude, leur donneroient moyen
de suppléer abondamment, à ce
que la nature, ou la fortune leur
auroient dénié. Elles auroient
part aux entretiens des sçavans,
& regneroient parmy eux dou-
blement : Elles entreroient dans
les affaires : les maris ne pourroient s'exempter de leur aban-
donner la conduite des familles, & de prendre en tout leurs
conseils; & si les choses sont
dans un état qu'elles ne peuvent plus estre admises aux Emplois, elles pourroient au moins
en connoistre les fonctions, &
juger si on les remplist dignement.

LA difficulté d'arriver à ce
point ne doit pas epouvanter.
Elle n'est pas si grande qu'on la
fait. Ce qui est cause qu'on croit
qu'il faut tant de peine pour acquerir quelques connoissances,

c'eſt que l'on fait pour cela apprendre quantité de choſes qui
ſont tres-inutiles, à la pluſpart
de ceux qui aſpirent. Toute la
ſcience n'ayant juſques à preſent
preſque conſiſté qu'à poſſeder
l'hiſtoire des ſentimens de ceux
qui nous ont precedez, & les
hommes s'en eſtant trop rap-
portez à la coûtume & à la bonne foy de leurs Maîtres, tres-
peu ont eu le bon-heur de trouver
la methode naturelle. L'on pourra y travailler, & faire voir qu'on
peut rendre les hommes habiles
en bien moins de temps, & avec
plus de plaiſir qu'on ne s'imagine.

Que les femmes ont une dispo-
sition avantageuse pour les
sciences, & que les idées justes
de perfection, de Noblesse &
d'honnesteté leur conviennent
comme aux hommes.

Jusques icy nous n'avons encore regardé que la teste dans
les femmes, & l'on a veu que
cette partie considerée en general, a en elles autant de proportion, que dans les hommes, avec
toutes les sciences dont elle est
l'organe. Neanmoins, parce que
cét organe n'est pas entiérement semblable, même dans
tous les hommes, & qu'il y en a,
en qui il est plus propre à certaines choses qu'à d'autres, il
faut descendre plus dans le particulier, pour voir s'il n'y a rien
dans les femmes, qui les rende

moins propres aux sciences que nous.

L'on peut remarquer qu'elles ont la Physionomie plus heureuse & plus grande que nous; elles ont le front haut, élevé, & large, ce qui est la marque ordinaire des personnes Imaginatives & spirituelles. Et on trouve en effet, que les femmes ont beaucoup de vivacité, d'imagination & de memoire : cela veut dire que leur cerveau est disposé de telle sorte, qu'il reçoit aisément les impressions des objets, & jusques aux plus foibles, & aux plus legeres, qui échapent à ceux qui ont une autre disposition, & qu'il les conserve sans peine & les presente à l'esprit au moment qu'il en a besoin.

Que les femmes sont imaginatives

COMME cette disposition est accompagnée de chaleur, elle fait que l'esprit est frappé plus

vivement par les objets ; qu'il s'y
attache & les pénetre davantage
& qu'il en étend les images comme il luy plaiſt. D'où il arrive
que ceux qui ont beaucoup d'I-
magination conſiderant les choſes par plus d'endroits & en
moins de temps, ſont fort inge-
nieux & inventifs, & découvrent plus d'une ſeule veuë, que
beaucoup d'autres aprés une longue attention ; ils ſont propres à
repreſenter les choſes d'une maniere agreable & inſinuante, &
à trouver ſur le champ des biais
& des expediens commodes ; Ils
s'expriment avec facilité & avec
grace, & donnent à leurs penſées un plus beau jour.

Tout cela ſe remarque dans
les femmes, & je ne vois rien
dans cette diſpoſition qui ſoit
contraire au bon eſprit. Le diſ-
cernement & la juſteſſe en ſont

le caractere naturel : pour acquerir ces qualitez, il faut se rendre
un peu sedentaire, & s'arrester
sur les objets, afin d'éviter l'erreur & la méprise où l'on tom-
be en voltigeant. Il est vray que
la multitude des pensées dans les
personnes vives, emporte quelquefois l'imagination ; mais il est
vray aussi qu'on la peut fixer par
l'exercice. Nous en avons l'experience dans les plus grands
hommes de ce siecle, qui sont
presque tous fort imaginatifs.

L'o n peut dire que ce temperamment est le plus propre
pour la societé, & que les hommes n'estant pas faits pour demeurer toûjours seuls & renfer-
mez dans un cabinet, on doit en
quelque façon plus estimer ceux
qui ont plus de disposition à
communiquer agreablement &
utilement leurs pensées. Et ainsi

les femmes qui ont naturellement
l'efprit beau, parce qu'elles ont
de l'imagination, de la memoire
& du brillant, peuvent avec un
peu d'application acquerir les
qualitez du bon efprit.

En voila fuffifamment pour
montrer qu'à l'égard de la tefte
feule, les deux Sexes font égaux.
Il y a fur le refte du Corps des
chofes tres-curieufes, mais dont
il ne faut parler qu'en paffant.
Les hommes ont toûjours eu ce
mal-heur commun, de répendre,
pour ainfi dire, leurs paffions dans
tous les ouvrages de la nature :
& il n'y a gueres d'idées qu'ils
n'ayent jointes avec quelque fentiment d'amour ou de haine, d'e-
ftime, ou de mépris ; & celles
qui concernent la diftinction des
deux Sexes, font tellement ma-
terielles & tellement broüillées
des fentimens d'imperfection,

de baſleſle, de deshonneſteté &
d'autres bagatelles, que ne pouvant eſtre touchées ſans remüer
quelque paſſion & ſans exciter la
chair contre l'eſprit , il eſt ſouvent de la prudence de n'en rien
dire.

CEPENDANT, c'eſt ſur ce mélange bizarre d'idées toûjours
confuſes , que ſont fondées les
penſées deſavantageuſe aux femmes , & dont les petis Eſpris ſe
ſervent ridiculement pour les
mortifier. Le plus juſte temperament qu'il y ait entre la neceſſité de s'expliquer & la difficulté
de le faire impunément , eſt de
marquer ce qu'on doit raiſonnablement entendre par perfection
& imperfection, par nobleſſe &
par baſſeſſe , par honneſteté &
par deshonneſteté.

Idées de
la perfec-
sion & de
CONCEVANT qu'il y a un Dieu,
je conçois facilement que toutes

choſes dépendent de luy ; & ſi
aprés avoir conſideré l'eſtat naturel & interieur des Creatures,
qui conſiſte, ſi ce ſont des corps,
dans la diſpoſition de leurs parties à l'égard les unes des autres,
& leur état exterieur qui eſt le
rapport qu'ils ont pour agir ou
pour ſouffrir avec ceux qui les
environnent, ſi, dis-je, je cherche la raiſon de ces deux états,
je n'en trouve point d'autre que
la volonté de celuy qui en eſt
l'Autheur. J'obſerve enſuite, que
ces corps ont d'ordinaire une cer-
taïne diſpoſition qui les rend capables de produire & de recevoir
certains effets ; par exemple,
que l'homme peut entendre par
les oreilles les penſées de ſes
ſemblables, & leur faire entendre les ſiennes par les organes
de la voix. Et je remarque que
les corps ſont incapables de ces

effets, lorfqu'ils font autrement difpofez, D'où je me forme deux idées, dont l'une me reprefente le premier état des chofes avec toutes fes fuites neceffaires, & je l'appelle état de perfection : Et l'autre idée me reprefente l'état contraire que je nomme imperfection.

AINSI un homme eft parfait à mon égard, lorfqu'il a tout ce qu'il luy faut felon l'inftitution divine pour produire & pour recevoir les effets aufquels il eft deftiné ; & il eft imparfait, lorfqu'il a plus ou moins de parties, qu'il n'eft neceffaire, ou quelque indifpofition qui l'éloigne de fa fin. C'eft pourquoy ayant efté formé de forte qu'il a befoin d'alimens pour fubfifter, je ne conçois pas ce befoin, comme une imperfection, non plus que la neceffité attachée à l'ufage

des

des alimens, que le superflus sorte du corps. Je trouve ainsi que toutes les creatures sont également parfaites, lorsqu'elles sont dans leur état naturel & ordinaire.

Il ne faut pas confondre la perfection avec la noblesse. Ce sont deux choses bien differentes. Deux Creatures peuvent estre égales en perfection, & inégales en noblesse.

En faisant refléxion sur moy-méme, il me semble que mon Esprit estant seul capable de connoissance, doit estre préferé au Corps, & consideré comme le plus noble : mais lorsque je regarde les corps, sans avoir égard à moy, c'est à dire, sans songer qu'ils me peuvent estre utiles, ou nuisibles, agreables, ou desagreables, je ne puis me persuader que les uns soient plus nobles que les

Q

autres , n'estant tous que de la matiere diversement figurée. Au lieu que si je me méle avec les corps, considerant le bien & le mal qu'ils me peuvent faire ; je viens à les estimer differemment. Encore que ma teste regardée sans interest ne me touche pas plus que les autres parties , je la prefere neanmoins à toutes , quand je viens à penser qu'elle m'importe davantage dans l'union de mon Esprit avec le Corps.

C'est pour la même raison qu'encore que tous les endroits du Corps soient également parfaits, on a neanmoins pour eux des regards differens ; ceux mêmes dont l'usage est plus necessaire estant considerez souvent avec quelque sorte de mépris & d'aversion , parce que cét usage est moins agreable ou autrement. Il en est de même de tout ce qui nous environne & nous touche, car ce qui fait qu'une chose plaist à l'un & déplaist à l'autre, c'est qu'elle les a frappez differem-ment.

L'ENGAGEMENT des hom-mes dans la societé, est ce qui pro-duit en eux l'idée de l'honnesteté. Ainsi quoy qu'il n'y ait ny im-perfection ny bassesse à soulager le corps, & que ce soit même une necessité & une suite indispen-sable de sa disposition naturelle, & que toutes les manieres de le faire soient égales, il y en a nean-moins que l'on considere com-me moins honnestes, parce qu'el-les choquent davantage les per-sonnes en presence desquelles on les fait.

L'idée de l'honneste-té.

COMME toutes les Creatures & toutes leurs actions conside-rées en elles mêmes, & sans au-cun rapport à l'usage ny à l'esti-

Q ij

me qu'on en fait, font auſſi parfaites & auſſi nobles les unes que les
autres, elles font auſſi également
honneſtes, eſtant conſiderées de
la même façon. C'eſt pourquoy
l'on peut dire que les regards
d'honneſteté & de deshonneſteté
font preſque tous dans leur ori-
gine, les effets de l'imagination,
& du caprice des hommes. Cela
paroiſt en ce qu'une choſe qui
eſt honneſte en un païs, ne l'eſt
pas dans l'autre ; & que dans un
même Royaume, mais en divers
temps ; ou bien en un même
temps, mais entre des perſonnes
d'état, de condition & d'humeur differente, une même action
eſt tantoſt conforme, tantoſt
contraire à l'honneſteté. C'eſt
pourquoy l'honneſteté n'eſt autre choſe que la maniére d'uſer
des choſes naturelles, ſelon l'e-
ſtime que les hommes en font,

& à quoy il eſt de la prudence
de s'accommoder.

Nous ſommes tous tellement
pénetrez de cette idée, quoy que
nous n'y faſſions pas de refléxion,
que les perſonnes ou amies, ou
ſpirituelles & judicieuſes, qui s'aſ-
ſujettiſſent en public & avec le
vulgaire aux façons de l'honneſteté, s'en délivrent en particulier,
comme de charges autant impor-
tunes que bizarres.

Il en eſt de méme de la Nobleſſe. En quelques Provinces des
Indes, les Laboureurs ont le méme rang que les Nobles, parmy
nous : en certains païs on préfe-
re les gens d'épée à ceux de robe ;
en d'autres on pratique tout le
contraire : Chacun ſelon qu'il a
plus d'inclination pour ces états,
ou qu'il les eſtime plus impor-
tans.

En comparant ces idées-là,

avec les pensées que le vulgaire a sur les femmes, l'on reconnoistra sans peine, en quoy consiste son erreur.

D'où vient la distinction des Sexes: Iusques où elle s'étend: & qu'elle ne met point de difference entre les hommes & les femmes, par rapport au vice & à la vertu; & que le Temperamment en general n'est ny bon ny mauvais en soy.

D I E u voulant produire les hommes dépendemment les uns des autres, par le concours de deux personnes, fabriqua pour cét usage deux corps qui estoient differens. Chacun estoit parfait en sa maniere, & ils devoient estre tous deux disposez comme ils sont à present: Et tout ce qui dépend de leur constitution par-

D'où vient la differen-se de sexes

ticuliere doit eſtre conſideré comme faiſant partie de leur perfection. C'eſt donc ſans raiſon que
quelques-uns s'imaginent que les
femmes ne ſont pas ſi parfaites
que les hommes, & qu'ils regardent en elles comme un défaut,
ce qui eſt un Appanage eſſentiel
à leur Sexe, ſans quoy il ſeroit
inutile à la fin pour laquelle il a
eſté formé; qui commence &
ceſſe avec la fecondité, & qui eſt
deſtiné au plus excellent uſage
du monde; c'eſt-à-dire, à nous
former & à nous nourrir dans leur
ſein.

Les deux Sexes ſont neceſſaires pour produire enſemble leur
pareil : & ſi l'on ſçavoit comment le noſtre y contribuë, l'on
trouveroit bien du méconte pour
nous. Il eſt difficile de comprendre ſurquoy ſe fondent ceux qui
ſoûtiennent que les hommes ſont

*Les fem-
mes contri-
buent plus
que les
hommes à
la genera-
tion.*

plus nobles que les femmes, en ce qui regarde les enfans. Ce font proprement celles - cy qui nous conçoivent, qui nous forment, qui nous donnent l'Eſtre, la naiſ-ſance, & l'éducation. Il eſt vray que cela leur coûte plus qu'à nous : mais il ne faut pas que cet-te peine leur ſoit préjudiciable, & leur attire le mépris, au lieu de l'eſtime qu'elles en meritent. Qui voudroit dire, que les peres & les meres, qui travaillent à élever leurs enfans, les bons Princes à gouverner leurs ſujets, & les Magiſtrats à leur rendre la juſtice, ſoient moins eſtimables, que ceux de l'entremiſe & du ſe-cours deſquels ils ſe ſervent, pour s'acquiter de leur devoir?

Sur le temperam-ment. I L y a des Medecins, qui ſe font fort étendus, ſur le Tempe-ramment des Sexes au déſavan-tage des femmes, & ont fait des
discours

diſcours à perte de veuë, pour
montrer que leur Sexe doit avoir
un temperamment tout à fait different du noſtre, & qui le rend
inferieur en tout. Mais leurs raiſons ne ſont que des conje&tu-
res legeres, qui viennent dans
l'eſprit de ceux qui ne jugent des
choſes que par préjugé & ſur de
ſimples apparences.

V o y a n t les deux Sexes plus
diſtinguez pour ce qui regarde les
fon&tions Civiles, que celles qui
leur ſont particulieres, ils ſe ſont
imaginez, qu'ils devoient eſtre
de la ſorte ; & ne diſcernant pas
aſſez exa&tement ce qui vient de
la coûtume & de l'éducation
d'avec ce que donne la nature ;
ils ont attribué à une méme cauſe,
tout ce qu'ils voyoient dans la
ſocieté, ſe figurant que Dieu en
creant l'homme & la femme,
les avoit diſpoſez d'une façon qui
R

doit produire toute la diftinction
que nous remarquons entr'eux.

C'est porter trop loin la difference des Sexes. On la doit
reftreindre dans le deffein que
Dieu a eu de former les hommes
par le concours de deux perfonnes, & n'en admettre qu'autant
qu'il eft neceffaire pour cét effet.
Auffi voyons nous que les hommes & les femmes font femblables prefque en tout pour la conftitution interieure & exterieure
du corps, & que les fonctions
naturelles, & defquelles dépend
noftre confervation, fe font en
eux de la même maniere. C'eft
donc affez afin qu'ils donnent
naiffance à un troifiéme, qu'il
y ait quelques organes dans l'un
qui ne foient pas dans l'autre.
Il n'eft pas befoin pour cela,
comme on fe le figure, que les
femmes ayent moins de force &

de vigueur que les hommes: Et
comme il n'y a que l'experience
qui puiſſe bien faire juger de cette diſtinction, ne trouve-t-on pas
que les femmes ſont mélées comme nous; Il y en a de fortes & de
foibles dans les deux parties: les
hommes élevez dans la moleſſe
ſont ſouvent pires que les femmes, & ployent d'abord ſous le
travail: mais quand ils y ſont en-
durcis par neceſſité ou autrement,
ils deviennent égaux, & quelquefois ſuperieurs aux autres.

I l en eſt de même des femmes. Celles qui s'occupent à des
exercices penibles, ſont plus robuſtes que les Dames qui ne ma-
nient qu'une aiguille. Ce qui
peut faire penſer que ſi l'on exer-
çoit également les deux Sexes,
l'un acquereroit peut-eſtre autant de vigueur que l'autre; ce
que l'on a veu autrefois dans

une Republique, où la Lutte &
les exercices leurs eſtoient com-
muns : on rapporte le méme des
Amazones qui ſont au Midy de
l'Amerique.

L'ON ne doit donc faire aucun
fond ſur certaines expreſſions ordinaires tirées de l'état preſent
des deux Sexes. Lorſqu'on veut
blâmer un homme avec moque-
rie, comme ayant peu de courage, de reſolution & de fermeté,
on l'appelle effeminé, comme ſi
on vouloit dire, qu'il eſt auſſi lâ-
che, & auſſi mou qu'une femme.
Au contraire, pour loüer une
femme qui n'eſt pas du commun
à cauſe de ſon courage, de ſa force, ou de ſon eſprit, on dit, que
c'eſt un homme. Ces expreſſions ſi avantageuſes aux hommes ne contribuent pas peu à
entretenir la haute idée qu'on a
d'eux; faute de ſçavoir qu'elles ne

font que vray-femblables ; & que leur verité fuppofe indifferem-ment la nature, ou la coûtume, & qu'ainfi elles font purement contingentes & arbitraires. La vertu, la douceur & l'honnefte-té eftant fi particulieres aux fem-mes, fi leur Sexe n'avoit pas efté fi peu confideré, lors qu'on au-roit voulu fignifier avec éloge qu'un homme a ces qualitez en un degré éminent, on auroit dit, c'eft une femme, s'il avoit plû aux hommes d'établir cét ufage dans le difcours.

Quoy qu'il en foit, ce n'eft pas la force du corps, qui doit diftinguer les hommes ; autre-ment les beftes auroient l'avan-tage par deffus eux, & entre nous ceux qui font les plus robuftes. Cependant l'on reconnoift par experience que ceux qui ont tant de force, ne font gueres propres à autre chofe qu'aux ouvrages materiels, & que ceux au contraire qui en ont moins, ont ordinairement plus de tefte. Les plus habiles Philofophes & les plus grands Princes ont efté affez délicats, & les plus grands Capitaines, n'euffent peut-eftre pas voulu lutter contre les moindre de leurs foldats. Q'uon aille dans le Parlement, on verra fi les plus grands Juges égalent toûjours en force le dernier de leurs Huiffiers.

Il eft donc inutile de s'apuyer tant fur la conftitution du corps, pour rendre raifon de la difference qui fe voit entre les deux Sexes, par rapport à l'efprit.

Le temperamment ne confifte pas dans un point indivifible : comme on ne peut trouver deux perfonnes en qui il foit tout femblable, on ne peut non plus déterminer precifément en quoy ils

different. Il y a pluſieurs ſortes de
bilieux , de ſanguins , & de mé-
lancholiques,& toutes ces diverſitez n'empéchent pas qu'ils ne
ſoient ſouvent auſſi capables les
uns que les autres , & qu'il n'y ait
d'excellens hommes de toute ſorte de temperamment : & ſuppo-
ſant méme , que celuy des deux
Sexes ſoit auſſi different qu'on le
prétend , il ſe trouve encore plus
de difference entre pluſieurs hommes qu'on croit neanmoins capables des mémes choſes. Le plus &
le moins eſtant ſi peu conſidera-
bles, il n'y a que l'eſprit de chi-
cane qui y faſſe avoir égard.

I L y a apparence que ce qui
groſſit tant en idée la diſtinction,
dont nous parlons , c'eſt qu'on
n'examine pas avec aſſez de pré-
ciſion tout ce que l'on remarque
dans les femmes : & ce défaut fait
tomber dans l'erreur de ceux qui

ayant l'esprit confus, ne distinguent pas assez ce qui appartient à chaque chose, & attribuënt à l'une ce qui ne convient qu'à l'autre, parce qu'ils les trouvent ensemble dans un même sujet. C'est pourquoy voyant dans les femmes tant de difference pour les manieres, & pour les fonctions, on l'a transportée au temperamment, faute d'en sçavoir la cause.

Les femmes peuvent prétendre l'avantage pour le corps.

Quoy qu'il en soit, si on vouloit examiner quel est le plus excellent des deux Sexes ; par la comparaison du corps, les femmes pourroient prétendre l'avantage, & sans parler de la fabrique interieure de leur corps, & que c'est en elles que se passe ce qu'il y a au monde de plus curieux à connoistre, sçavoir, comment se produit l'homme qui est la plus belle, & la plus admirable de tou-

res les Creatures; qui les empécheroit de dire, que ce qui paroiſt au dehors leur doit donner
le deſſus : que la grace & la beauté leur ſont naturelles & particulieres, & que tout cela produit
des effets autant ſenſibles qu'ordinaires, & que ſi ce qu'elles peuvent par le dedans de la teſte, les
rend au moins égales aux hommes, le dehors ne manque preſque jamais de les en rendre les
Maîtreſſes.

L A beauté eſtant un avantage
auſſi réel que la force & la ſanté,
la raiſon ne deffend pas de s'en
prévaloir plûtoſt que des autres ;
& ſi on vouloit juger de ſon prix
par les ſentimens & par les paſſions qu'elle excite, comme l'on
juge preſque de toutes choſes, on
trouveroit qu'il n'y a rien de plus
eſtimable, n'y ayant rien de plus
effectif, c'eſt à dire, qui remuë

& agite plus de paſſions, qui les méle, & les fortifie plus diverſe-ment, que les impreſſions de la beauté.

Il ne ſeroit pas neceſſaire de parler davantage ſur le tempe-ramment des femmes, ſi un Au-theur autant celebre que poly ne s'eſtoit aviſé de le conſiderer com-me la ſource des défauts qu'on leur attribuë vulgairement ; ce qui aide beaucoup à confirmer les gens dans la penſée qu'elles ſont moins eſtimables que nous.

Tous les Sans rapporter ſon ſentiment, je *temperam-* diray que pour bien examiner le *mens ſont* temperamment des deux Sexes *preſque é-* par rapport au vice & à la vertu, *gaux.* il le faut conſiderer dans un eſtat indifferent, où il n'y ait encore ny vertu ny vice en nature : & alors on trouve que ce qu'on ap-pelle vertu dans un temps, pou-vant devenir vice en un autre, ſelon l'ufage qu'on en fait, tous les temperammens font égaux en ce point là.

Pour mieux entendre cette pen-sée, il faut remarquer qu'il n'y a que noftre ame qui foit capable de vertu, laquelle confifte en ge-neral dans la refolution ferme & conftante de faire ce qu'on juge le meilleur, felon les diverfes oc-currances. Le corps n'eft propre-ment que l'organe & l'inftrument de cette refolution, comme une épée entre les mains pour l'atta-que & pour la deffenfe : & tou-tes les differentes difpofitions qui le rendent plus ou moins pro-pre à cét ufage, ne doivent eftre appellées bonnes ou mauvaifes, que felon que leurs effets font plus ordinaires, & plus impor-tans pour le bien & pour le mal ; par exemple, la difpofition à la fuite pour s'éloigner des maux qui

Ce que c'eft que vertu.

menacent, est indifferente, parce qu'il y en a qu'on ne peut éviter autrement ; & alors il est de la prudence de s'enfuir : au lieu que c'est une timidité blâmable de se laisser emporter à la fuite, lors-que le mal est surmontable par une genereuse resistance qui pro-duit plus de bien que de mal.

Les fem-mes ne sont pas plus portées au vice, que les homes. OR l'esprit n'est pas moins ca-pable dans les femmes que dans les hommes, de cette ferme reso-lution qui fait la vertu, ny de connoistre les rencontres où il la faut exercer. Elles peuvent re-gler leurs passions aussi-bien que nous, & elles ne sont pas plus por-tées au vice qu'au bien. On pour-roit même faire pencher la balan-ce en leur faveur de ce costé-cy : puisque l'affection pour les en-fans, sans comparaison plus for-te dans les femmes que dans les hommes, est naturellement atta-

chée à la compaſſion, qu'on peut
appeller la vertu & le lien de la
ſocieté civile : n'eſtant pas poſſi-
ble de concevoir que la ſocieté
ſoit raiſonnablement établie pour
autre choſe, que pour ſurvenir
aux beſoins & aux neceſſitez
communes les uns des autres. Et
ſi on regarde de prés comment ſe
forment en nous les paſſions, on
trouvera que de la façon que les
femmes contribuent à la production & à l'éducation des hommes, c'eſt comme une ſuitte naturelle, qu'elles les traittent dans
leurs afflictions, en quelque maniere comme leurs enfans.

Que la difference qui se remarque
entre les hommes & les femmes
pour ce qui regarde les mœurs
vient de l'Education qu'on leur
donne.

E T il est d'autant plus important de remarquer que les dif-
positions que nous apportons en
naissant, ne sont ny bonnes ny
mauvaises, qu'on ne peut autrement éviter une erreur assez ordinaire par laquelle on rapporte
souvent à la nature ce qui ne vient
que de l'usage.

L'o n se tourmente l'esprit à
chercher la raison pourquoy nous
sommes sujets à certains défauts
& avons des manieres particulieres ; faute d'avoir observé ce que
Ce que peuvent faire en nous l'habitude,
peut l'estat l'exercice, l'éducation & l'état
exterieur. exterieur, c'est-à-dire le rapport

de Sexe, d'âge, de fortune, d'employ, où l'on se trouve dans la
société : Estant certain que toutes
ces differentes veuës diversifiant
en une infinité de manieres les
pensées & les passions, disposent
pareillement les esprits à regarder tout autrement les veritez
qu'on leur presente. C'est pour
cela qu'une même maxime pro-
posée en même temps à des Bour-
geois, à des Soldats, à des Juges
& à des Princes, les frappe &
les fait agir si differemment : parce
que les hommes ne se souciant
gueres que de l'exterieur, le regardent comme la mesure & la
regle de leurs sentimens : d'où
vient que les uns laissent passer
comme inutile ce qui occupe fortement les autres ; que les gens
d'épée se choquent de ce qui flat-
te les gens de robe : & que des
personnes de même temperament

prennent quelquesfois à contre-
sens certaines choses, qui entrent
du même biais dans l'esprit de
personnes de constitution differente ; mais qui ont la même fortune , ou la même éducation.

CE n'est pas qu'on pretende
que tous les hommes apportent
au monde la même constitution
corporelle. Ce seroit une preten-
tion mal-fondée : il y en a de vifs
& de lents : mais il ne paroist pas
que cette diversité empéche au-
cunement les esprits de recevoir
la même instruction : tout ce
qu'elle fait c'est que les uns la reçoivent plus viste & plus heureu-
sement que les autres. Ainsi quelque temperamment qu'ayent les
femmes , elles ne sont pas moins
capables que nous de la verité &
de l'étude. Et si l'on trouve à present en quelques-unes quelque
deffaut , ou quelque obstacle , ou
même

même que toutes n'envisagent pas les choses solides comme les hommes, à quoy pourtant l'experience est contraire, cela doit estre uniquement rejetté sur l'état exterieur de leur Sexe, & sur l'éducation qu'on leur donne, qui comprend l'ignorance où on les laisse, les préjugez ou les erreurs qu'on leur inspire, l'exemple qu'elles ont de leurs semblables, & toutes les manieres, à quoy la bien-séance, la contrainte, la retenuë, la sujettion, & la timidité les reduisent.

Les défauts qui sont dans les femmes viennent de l'éducation.

EN effet on n'oublie rien à leur égard qui serve à les persua-der, que cette grande difference qu'elles voyent entre leur Sexe & le nostre, c'est un ouvrage de la raison, ou d'institution divine. L'habillement, l'éducation, & les exercices ne peuvent estre plus differents. Une fille n'est en as-

Quelle éducation on leur donne.

S

feurance que fous les aifles de fa
mere , ou fous les yeux d'une
gouvernante qui ne l'abandonne
point : on luy fait peur de tout :
on la menace des efprits dans tous
les lieux de la maifon , où elle fe
pourroit trouver feule : Dans les
grandes ruës & dans les temples
mêmes il y a quelque chofe à
craindre, fi elle n'y eft efcortée.
Le grand foin que l'on prend de
la parer y applique tout fon efprit : Tant de regards qu'on luy
jette , & tant de difcours qu'elle
entend fur la beauté y attache
toutes fes penfées ; & les compli-
mens qu'on luy rend fur ce fujet,
font qu'elle y met tout fon bon-
heur. Comme on ne luy parle
d'autre chofe, elle y borne tous
fes deffeins , & ne porte point fes
veuës plus haut. La danfe, l'écri-
ture , & la lecture font les plus
grands exercices des femmes, tou-

te leur Bibliotheque confiſte dans quelques petits Livres de devotion, avec ce qui eſt dans la caſſette.

T o u t e leur ſcience ſe reduit à travailler de l'éguille. Le miroir eſt le grand maiſtre, & l'oracle qu'elles conſultent. Les bals, les comedies, les modes font le ſujet de leurs entretiens : elles regardent les cercles, comme de celebres Academies, où elles vont s'inſtruire de toutes les nouvelles de leur Sexe. Et s'il arrive que quelques-unes ſe diſtinguent du commun par la lecture de certains Livres, qu'elles auront eu bien de la peine à attraper, à deſſein de s'ouvrir l'eſprit, elles ſont obligées ſouvent de s'en cacher : La pluſpart de leurs compagnes par jalouſie ou autrement, ne manquant jamais de les accuſer de vouloir faire les precieuſes.

Pour ce qui eſt des filles de condition roturiere, contraintes de gagner leur vie par leur travail, l'eſprit leur eſt encore plus inutile. On a ſoin de leur faire apprendre un meſtier convenable au Sexe, auſſi-toſt qu'elles y ſont propres, & la neceſſité de s'y employer ſans ceſſe, les empéche de penſer à autre choſe : Et lorſque les unes & les autres élevées de cette façon ont atteint l'âge du mariage, on les y engage, ou bien on les confine dans un cloître où elles continüent de vivre comme elles ont commencé.

En tout ce qu'on fait connoîſtre aux femmes void-on rien qui aille à les inſtruire ſolidement ? Il ſemble au contraire qu'on ſoit convenu de cette ſorte d'éducation pour leur abaiſſer le courage, pour obſcurcir leur eſprit, & ne le remplir que de vanité & de

fotifes ; pour y étoufer toutes les
femences de vertu & de verité ;
pour rendre inutiles toutes les
difpofitions qu'elles pourroient
avoir aux grandes chofes, & pour
leur ofter le defir de fe rendre
parfaites , comme nous, en leur
en oftant les moyens.

Lorsque je fais attention fur
la maniere, dont on regarde, ce
que l'on croit voir en elles de
défectueux je trouve que cette
conduite à quelque chofe d'indigne de perfonne doüées de raifon.
S'il y a également à redire dans
les deux Sexes , celuy qui accufe
l'autre peche contre l'équité naturelle ; s'il y a plus de mal dans
le noftre, & que nous ne le
voyions pas, nous fommes des
temeraires de parler de ceux
d'autruy ; fi nous le voyons , &
que nous n'en difions rien, nous
fommes injuftes de blâmer l'autre

qui en a moins. S'il y a plus de bien dans les femmes que dans les hommes, ceux-cy doivent estre accusez d'ignorance, ou d'envie de ne le pas reconnoistre. Quand il y a plus de vertu, que de vice dans une personne, l'un doit servir à excuser l'autre; & lorsque les défauts qu'elle a, sont insurmontables, & que les moyens de s'en deffaire, ou de s'en garantir, luy manquent, comme ils manquent aux femmes, elle est digne de compassion non de mépris. Enfin si ces défauts sont legers, ou seulement apparens, c'est imprudence, ou malice de s'y arrester; & il n'est pas difficile de montrer, qu'on en use ainsi vulgairement à l'égard des femmes.

Que les défauts qu'on attribuë aux femmes sont imaginaires.

On dit qu'elles sont timides, & incapables de deffense, que leur ombre leur fait peur, que

La timidité.

le cry d'un enfant les alarme, & que le bruit du vent les fait trembler. Cela n'est pas general. Il y a quantité de femmes aussi hardies, que des hommes, & l'on sçait que les plus timides font souvent de necessité vertu. La timidité est presqu'inséparable de la vertu, & tous les gens de bien en ont: comme ils ne veulent faire mal à personne, & qu'ils n'ignorent pas combien il y a de méchanceté parmy les hommes, il faut peu de chose pour leur inspirer de la crainte. C'est une passion naturelle, dont personne n'est exempt: tout le monde craint la mort, & les incommoditez de la vie, les Princes les plus puissans apprehendent la revolte de leurs sujets, & l'invasion de leurs ennemis; & les plus vaillans Capitaines d'être pris au dépourveu.

LA crainte est grande à pro-

portion des forces qu'on croit a-
voir pour refister ; & elle n'eft
blâmable que dans ceux qui font
affez forts pour repouffer le mal
qui les menace : & l'on feroit
auffi déraifonnable d'accufer de
lâcheté un Juge & un homme de
lettre, qui n'auroient penfé qu'à
l'étude de refufer de fe battre en
düel, que d'accufer un foldat qui
auroit toûjours porté les armes,
de ne vouloir pas entrer en difpu-
te contre un fçavant Philofophe.

L'o n éleve les femmes d'une
maniere qu'elles ont fujet de tout
apprehender; Elles n'ont point de
lumieres pour éviter les furprifes,
dans les chofes de l'efprit; Elles
n'ont point de part aux exercices
qui donnent l'adreffe & la force
pour l'attaque & pour la deffenfe; Elles fe voyent expofées à
fouffrir impunément les outrages
d'un Sexe fi fujet aux emportemens,

mens, qui les regarde avec mépris, & qui traitte souvent ses
semblables avec plus de cruauté
& de rage, que ne font les loups
à l'égard les uns des autres.

C'est pourquoy la timidité
ne doit point passer dans les femmes pour un défaut, mais pour
une passion raisonnable, à laquelle elles doivent la pudeur, qui
leur est si particuliere, & les deux
plus grands avantages de la vie,
qui sont l'inclination à la vertu,
& l'éloignement du vice, ce que
la pluspart des hommes ne peuvent acquerir, avec toute l'é-
ducation & toutes les lumieres
qu'on leur donne.

La crainte de manquer de bien
est la cause ordinaire de l'Avarice. *L'Avari-*
Les hommes n'y sont pas moins *ce.*
sujets que les femmes; & si l'on
venoit à compter, je ne sçay si le
nombre des premiers ne se trou-

T

veroit pas le plus grand, & leur avarice la plus blâmable. Comme il n'y a pas loin des deux vices à la vertu qui tient le milieu, on prend aſſez ſouvent l'un pour l'autre, & on confond l'avarice avec une loüable épargne.

UNE même action pouvant eſtre bonne en l'un & mauvaiſe en l'autre, il arrive ſouvent, que ce qui eſt mal en nous, ne l'eſt point du tout dans les femmes. Elles ſont privées de tous les moyens de faire fortune par leur eſprit, l'entrée des ſciences & des emplois leur eſtant fermée ; & ainſi eſtant moins en eſtat de ſe garantir des malheurs & des incommoditez de la vie, elles doivent en eſtre plus touchées. Il ne faut donc pas s'étonner, que voyant avec cela qu'on a tant de peine à acquerir un peu de bien, elles ayent ſoin de le conſerver.

S i elles reçoivent si aisément, *La Credulité.*
ce qu'on leur dit, c'est un effet
de leur simplicité, qui les empéche de croire, que ceux qui ont
authorité sur elles, soient ignorans, ou interessez ; & l'on peche contre la Justice de les accu-
ser de Credulité, puisqu'il y en a
encore plus parmy nous. Les plus
habiles ne se laissent que trop
leurrer par une fausse apparence ;
& souvent toute leur science,
n'est qu'une basse credulité, mais
un peu plus étendué que celle des
femmes : je veux dire, qu'ils ne
sont plus sçavans que les autres,
que parce qu'ils ont donné plus
legerement leur consentement à
un plus grand nombre de choses,
dont ils ont retenu les idées, telles
quelles, à force de repasser pardessus.

C e qui fait la timidité des *La super
stition.*
femmes est ce qui produit la su-

T ij

perftition que les fçavans mêmes
leur attribuënt:mais il paroît qu'ils
font en cela femblables à ceux
qui ayant plus de tort, fe perfuadent avoir plus de raifon, parce
qu'il crient plus haut que les au-
tres.Ils s'imaginent eftre exempts
eux-mêmes de fuperftition, parce
qu'ils en voyent dans quelques
femmes peu éclairées, pendant
qu'ils y font eux-mêmes plongez
miferablement jufques aux yeux.

QUAND tous les hommes fe-
roient de veritables adorateurs de
Dieu, en efprit & en verité, &
que les femmes luy rendroient en
tout un culte fuperftiticux, elles
en feroient excufables. On ne
leur apprend point à connoistre
Dieu par elles-mêmes : elles n'en
fçavent que ce qu'on leur en dit :
Et comme la plufpart des hommes en parlent d'une maniere fi
peu digne de ce qu'il eft, & ne le

diſtingue de ſes creatures , que par la qualité de Createur , il ne faut pas s'étonnér que les femmes , ne le connoiſſant que ſur leur rapport , l'adorent par Religion avec les mêmes ſentimens qu'elles ont pour les hommes , qu'elles craignent & qu'elles reverent.

Il y a des gens qui croyent *Le Babil.* bien mortifier les femmes en leur diſant, qu'elles ne ſont toutes que des Babillardes. Elles ont raiſon de ſe fâcher d'un reproche ſi impertinent. Leur corps ſe trouve ſi heureuſement diſpoſé par le temperãment qui leur eſt propre, qu'elles conſervent diſtinctement les impreſſions des objets , qui les ont frappées : elles ſe les repreſentent ſans peine, & s'expriment avec une facilité admirable : cela fait que les idées qu'elles ont ſe réveillant à la moindre occafion, elles commencent & continuënt la converſation comme il leur plaiſt : & la pénétration de leur eſprit leur donnant moyen d'appercevoir aiſément les rapports des choſes, elles paſſent ſans peine d'un ſujet à l'autre, & peuvent ainſi parler long - temps, ſans laiſſer mourir le diſcours.

L'Avantage de la parole eſt naturellement accompagné d'un grand deſir de s'en ſervir, dés que l'occaſion s'en preſente. C'eſt le ſeul lien des hommes dans la ſocieté, & pluſieurs trouvent qu'il n'y a point de plus grand plaiſir, ny plus digne de l'eſprit, que de communiquer ſes penſées aux autres. C'eſt pourquoy les femmes pouvant parler aiſément, & eſtant élevées avec leurs ſemblables, il y auroit à redire qu'elles manquaſſent de s'entretenir. Elles ne doivent donc paſſer pour babillardes, que lorſqu'elles parlent mal à propos, & de choſes qu'elles n'entendent point, ſans deſſein de s'en faire inſtruire.

IL ne faut pas s'imaginer qu'on ne babille que quand on parle ſur des habits & ſur des Modes. Le babil des Nouvelliſtes eſt ſouvent plus ridicule. Et cette quantité de mots entaſſez les uns ſur les autres, & qui ne ſignifient rien dans la pluſpart des ouvrages, ſont un caquet bien plus ſot que celuy des plus petites femmes. Au moins peut-on dire que les diſcours de celles - cy ſont réels & intelligibles, & qu'elles ne ſont pas aſſez vaines, pour s'imaginer comme la pluſpart des ſçavans, eſtre plus habiles que leurs voiſines, parce qu'elles diſent plus de paroles qui n'ont point de ſens. Si les hommes avoient la langue auſſi libre, il

T iiij

seroit impossible de les faire taire. Chacun s'entretient de ce qu'il sçait ; les Marchands de leur negoce, les Philosophes de leurs études , & les femmes de ce qu'elles ont pû apprendre ; & elles peuvent dire qu'elles s'entretiendroient encore mieux & plus solidement que nous , si on avoit pris autant de peine à les instruire.

La Curio-sité. Ce qui choque certaines personnes dans les entretiens des femmes, c'est qu'elles témoignent une grande envie de sçavoir tout. Je ne sçay pas quel est le goust des gens ausquelles il ne plaist pas que les femmes soient si curieuses : pour moy je trouve bon qu'on ait de la curiosité ; Et je conseille seulement de faire en sorte qu'elle ne soit pas importune.

Je regarde les conversations des femmes comme celles des Philosophes, où il est permis également

ment de s'entretenir des choses
dont on n'a point la connoiſſance,
& il y a des contre-temps, dans
les unes & dans les autres.

C'est l'ordinaire de beaucoup
de gens de traiter les curieux
comme des mandians. Lorſqu'ils
font en humeur de donner, ils ne
ſe fâchent point qu'on leur demande : & quand ils ont envie de
découvrir ce qu'ils ſçavent , ils
font bien aiſes qu'on les prie ;
ſinon ils ne manquent pas de dire
qu'on a trop de curioſité. Parce
qu'on s'eſt forgé que les femmes
ne doivent point étudier, on ſe
formaliſe , qu'elles demandent
d'eſtre informées de ce qu'on apprend par l'étude. Je les eſtime
d'étres curieuſes,& je les plains de
n'avoir pas les moyens de ſe ſatis-
faire en cela : n'en eſtant ſouvent
empeſchées que par une juſte ap-
prehenſion de s'adreſſer à des

esprits sots & bourrus, de qui elles se verroient moquées, au lieu d'en recevoir de l'instruction. Il me paroist que la curiosité est une marque des plus certaines d'un bon esprit & plus capable de discipline. C'est une connoissance commencée qui nous fait aller plus vîte & plus loin dans le chemin de la verité. Lorsque de deux personnes qui sont touchées d'une même chose, l'une la regarde indifferemment, & que l'autre s'en approche à dessein de la mieux voir ; c'est signe que celle-cy a les yeux plus ouverts. L'Esprit est dans les deux Sexes également propre aux sciences ; & le desir qu'il en peut avoir, n'est pas plus blâmable en l'un qu'en l'autre. Lorsqu'il se sent frappé d'une chose, qu'il ne voit qu'obscurément, il semble que c'est par un droit naturel qu'il

La Curiosité est marque d'esprit.

veut en eftre éclaircy : & l'ignorance eftant le plus fâcheux efcla-
vage où il fe puiffe trouver, il eft
auffi déraifonnable de condamner
une perfonne qui tâche de s'en
tirer, qu'un miferable qui s'effor-
ceroit de fortir d'une prifon où
on le tiendroit enfermé.

E N T R E tous les défauts que
l'on donne aux femmes, l'humeur *Inconftă-*
inconftante & volage eft celle qui *ce.*
fait plus de mécontans. Cependant les hommes n'y font pas
moins fujets ; mais parce qu'ils
fe voyent les Maîtres, ils fe figurent que tout leur eft permis : &
qu'une femme s'eftant une fois attachée à eux, le lien ne doit eftre
indiffoluble que de fa part ; quoy
qu'ils foient tous deux égaux, &
que chacun y foit pour foy.

O N ne s'accuferoit pas fi fouvent de legereté les uns & les autres, fi on obfervoit qu'elle eft na-

turelle aux hommes, & que qui dit
mortel, dit inconstant : & que
c'est une necessité indispensable
de l'estre, de la maniere que nous
sommes faits. Nous ne jugeons
des objets, nous ne les aimons ou
haïssons, que sur les apparences, qui ne dépendent point de
nous. Les mêmes choses nous
paroissent diversement, tantost
parce qu'elles ont souffert quelque changement, tantost parce
que nous en avons souffert nous-
mêmes. La même viande plus ou
moins assaisonnée, chaude ou
froide, nous cause des sentimens
tout differens : & demeurant la
même, nous en serions autrement touchez en maladie qu'en
santé. Dans l'Enfance, nous sommes indifferens pour des choses
que nous regardons dix ans aprés,
avec passion, parce que le corps
est changé.

SI une perſonne a de l'amour pour nous, c'eſt qu'elle nous croit aimables; & ſi une autre nous haït, c'eſt que nous luy pa-roiſſons haïſſables. Nous eſtimons en un temps ceux que nous mé-priſions auparavant; parce qu'ils ne nous ont pas toûjours parus de méme, ſoit qu'eux ou nous ayons changé. Et tel objet s'é-tant préſenté au cœur, en a trou-vé la porte ouverte, qui luy au-roit eſté fermée un quart-d'heure plûtoſt ou plus tard.

Pourquoy il ne faut pas accuſer les autres de ce qu'ils ne nous aiment pas.

LE partage, où nous nous trou-vons ſouvent entre-deux motive-mens contraires, que nous cauſe un méme objet, nous convainc malgré nous, que les paſſions ne ſont point libres, & qu'il eſt inju-ſte de ſe plaindre d'eſtre conſide-ré autrement que l'on voudroit. Comme il faut peu de choſe pour donner de l'amour, il en faut peu auffi pour le faire perdre, & cette paffion ne dépend pas plus de nous dans fon progrez, que dans fa naiffance. De dix perfonnes qui afpirent à eftre aimées, il arrive ordinairement que celle qui aura moins de merite, moins de naiffance & de bonne mine, l'emportera fur les autres : parce qu'elle aura l'air plus gay, ou quelque chofe plus à la mode, ou à noftre gouft, dans la difpofition où nous nous trouvons alors.

Artifice.

BIEN loin de faire tort aux femmes en les accufant d'eftre plus Artificieufes que les hommes, on parle pour elles, fi on fçait ce que l'on dit, puifqu'on reconnoift par là, qu'elles font auffi plus fpirituelles & plus prudentes. L'Artifice eft une voye fecrette pour arriver à fon but, fans en eftre détourné. Il faut de l'esprit pour découvrir cette voye, & de l'adresse pour s'y conduire : & l'on ne peut trouver à redire qu'une personne mette en usage l'artifice, pour éviter d'estre trompée. La fourbe est bien plus pernicieuse, & plus ordinaire dans les hommes : ç'a toûjours esté le chemin le plus commun, pour entrer dans les Postes & dans les Emplois, ou l'on peut faire plus de mal : & au lieu que les hommes qui veulent tromper, employent leurs biens, leurs lumieres, & leur puissance, dont on est rarement à couvert ; les femmes ne peuvent se servir que des caresses, & de l'éloquence, qui sont des moyens naturels, dont on peut plus aisément se garantir, quand on a sujet de s'en défier.

Pour comble d'accusation & de défaut, on dit que les fem-

Plus grande malice.

mes font plus malicieufes & plus méchantes que les hommes : & tout le mal dont on les peut charger, eft renfermé dans cette penfée. Je ne crois pas que ceux qui l'ont, prétendent qu'il y ait plus de femmes que d'hommes, qui faffent du mal. Ce feroit une fauffeté manifefte. Elles n'ont point de part aux Emplois ny aux Charges dont l'abus eft caufe de toutes les calamitez publiques; & leur vertu eft trop exemplaire, & le defordre des hommes trop connu pour les revoquer en doute.

Lors donc que l'on dit des femmes qu'elles ont plus de malice, cela ne peut fignifier autre chofe, finon que quand elles fe portent au mal, elles le font plus adroitement & le pouffent plus loin que les hommes. Soit. Cela marque en elles un tres-folide
lide

lide avantage. On ne peut eſtre
capable de beaucoup de mal ,
ſans avoir beaucoup d'eſprit &
ſans eſtre auſſi par conſequent
capable de beaucoup de bien.
Ainſi les femmes ne doivent pas
tenir ce reproche plus injurieux ,
que celuy qu'on feroit aux riches,
& aux puiſſans d'eſtre plus mé-
chans que les pauvres , parce
qu'ils ont plus dequoy nuire : &
les femmes pourroient répondre
comme eux, que ſi elles peuvent
faire du mal, elles peuvent auſſi
faire du bien , & que ſi l'ignorance où on les laiſſe eſt cauſe qu'elles ſont plus méchantes que nous,
la ſcience au contraire les rendroit beaucoup meilleures.

Cette petite diſcution des
plus ſignalez défauts, qu'on croit
particuliers & naturels au beau
Sexe, fait voir deux choſes, l'u-
ne, qu'ils ne ſont pas ſi conſide-

V

rables que le vulgaire se l'imagine ; & l'autre qu'ils peuvent estre rejettez sur le peu d'éducation qu'on donne aux femmes, & que tels qu'ils soient, ils peuvent estre corrigez par l'instruction dont elles ne sont pas moins capables que nous.

SI les Philosophes avoient suivy cette regle pour juger de tout ce qui concerne les femmes, ils en auroient parlé plus sainement : & ne seroient point tombez à leur égard dans des absurditez ridicules. Mais la pluspart des Anciens & des Modernes n'ayant basty leur Philosophie que sur des préjugez populaires, & ayant esté dans une grande ignorance d'eux-mêmes ; ce n'est pas merveille qu'ils ayent si mal connu les autres. Sans nous mettre en peine des Anciens, on peut dire des Modernes, que la maniere dont on les enseigne, leur faisant croire quoy que faussement, qu'ils ne peuvent devenir plus habiles que ceux qui les ont precedez, les rend esclaves de l'Antiquité, & les porte à embrasser aveuglément tout ce qu'ils y trouvent, comme des veritez constantes. Et parce que tout ce qu'ils disent contre les femmes, est fondé principalement sur ce qu'ils ont lû dans les Anciens, il ne sera pas inutile de rapporter icy quelques-unes des plus curieuses pensées sur ce sujet, que nous ont laissées ces illustres morts, dont on revere tant aujourd'uy les cendres & la pourriture même.

PLATON le pere de la Philosophie ancienne remerçioit les Dieux de trois graces qu'ils luy avoient faites, mais particulierement de ce qu'il estoit né hom-

Sentiment de Platon.

me & non pas femme. S'il avoit
en veuë leur condition presente,
je serois bien de son avis ; mais
ce qui fait juger qu'il avoit autre
chose dans l'esprit, c'est le doute qu'on dit qu'il témoignoit souvent s'il faloit mettre les femmes
de la cathegorie des bestes. Cela
suffiroit à des gens raisonnables
pour le condamner luy-méme d'i-
gnorance ou de bétise, & pour
achever de le dégrader du tiltre
de Divin qu'il n'a plus que parmy
les Pedans.

Sentiment Son disciple Aristote à qui
d'Aristote. l'on conserve encore dans les
Ecoles le nom glorieux de Genie
de la nature sur le préjugé qu'il
l'a mieux connuë qu'aucun autre
Philosophe, prétend que les femmes, ne sont que des Monstres.
Qui ne le croiroit, sur l'autorité
d'un personnage si celebre ? De
dire que c'est une impertinence, ce

seroit trop ouvertement choquer
ses suposts. Si une femme quelque sçavante qu'elle fust, en avoit
écrit autant des hommes, elle
perdroit tout son credit, & l'on
s'imagineroit avoir assez fait pour
refuter une telle sotise que de répondre que ce seroit une femme, ou une folle qui l'auroit dit.
Cependant, elle n'auroit pas
moins de raison que ce Philosophe. Les femmes sont aussi anciennes que les hommes ; on les
voit en aussi grand nombre, &
nul n'est surpris d'en rencontrer
en son chemin. Pour estre Monstre, selon la pensée méme de cét
homme, il faut avoir quelque
chose d'extraordinaire & de sur-
prenant. Les femmes n'ont rien
de tout cela : elles ont toûjours
esté faites de mémes, toûjours
belles & spirituelles : & si elles
ne sont pas faites comme Ari-

ſtote, elles peuvent dire auſſi qu'Ariſtote n'eſtoit pas fait comme elles.

Les diſciples de cét Autheur, qui vivoient du temps de Philon, tomberent dans une penſée, non moins groteſque à l'égard des femmes ; ſe figurant, au rapport de cét Hiſtorien, qu'elles ſont des hommes ou des mâles imparfaits. C'eſt ſans doute parce qu'elles n'ont pas le menton garny de barbe : hors de là je n'y comprend rien. Les deux Sexes pour eſtre parfaits, doivent eſtre comme nous les voyons. Si l'un eſtoit ſemblable à l'autre, ce ne ſeroit aucun des deux. Si les hommes ſont les peres des femmes, les femmes ſont meres des hommes, ce qui les rend au moins égaux : & on auroit autant de raiſon que ces Philoſophes, de dire que les hommes ſont des femmes imparfaites.

SOCRATE, qui estoit pour la Morale l'Oracle de l'Antiquité, parlant de la beauté du Sexe, avoit accoûtumé de la comparer à un Temple bien apparent, mais basti sur un cloaque.

IL ne faut que rire de cette pensée, si elle ne fait pas mal au cœur. Il y a apparence qu'il jugeoit du corps des autres par le sien, ou par celuy de sa femme, qui estoit une diablesse, qui le faisoit détester ; & qu'il luy parloit ainsi de son Sexe, à dessein de la faire bouquer, & qu'il enrageoit dans son ame d'estre laid comme un magot.

DIOGENE surnommé le chien, parce qu'il ne sçavoit que mordre, voyant un jour en passant deux femmes, qui s'entretenoient ensemble, dit à ceux de sa compagnie que c'estoient-là deux serpens, un Aspic & un vipere, qui se communiquoient leur venin.

* C'eſt à dire Sentence d'un homme illuſtre.

Cét * Apophtegme eſt digne d'un honneſte homme ; & je ne m'étonne pas qu'on le mette au rang des belles Sentences Philoſophiques. Si Tabarin , Verboquet & l'Eſpiegle , euſſent vécu de ſon temps, il eſt certain que nous trouverions leurs rencontres plus ſpirituelles. Le bon homme eſtoit un peu bleſſé, & ceux qui le connoiſſent un peu, jugent bien qu'il n'avoit alors autre choſe à dire.

Democrite.

P o u r l'admirable & plaiſant Démocrite, comme il aimoit un peu à rire, il ne faut pas prendre au pied de la lettre tout ce qui eſt forty de ſa bouche. Il avoit la taille fort grande, & ſa femme des plus petites. Eſtant un jour interrogé pourquoy il s'eſtoit ſi mal aſſorty, il répondit en raillant à ſon ordinaire, que lorſqu'on qu'on eſt obligé de choiſir, & qu'il n'y a rien de bon à prendre, le moindre eſt toûjours le meilleur. Si on eût fait la même demande à ſa femme, elle eût pû repartir avec autant de raiſon, qu'un petit & un grand mary ne valant gueres mieux l'un que l'autre, elle avoit pris le ſien comme à la blanque, de peur de prendre le pire en choiſiſſant.

CATON ce ſage & ſevere Critique prioit ſouvent les Dieux de luy pardonner, s'il avoit eſté aſſez imprudent pour confier le moindre ſecret à une femme. Le bon homme avoit à cœur un fait fameux de l'Hiſtoire Romaine, dont les Antiquaires * ſe ſervent comme d'un grand argument pour montrer le peu de retenuë des femmes. Un enfant de douze ans preſſé par ſa mere de luy dire la reſolution du Se-

penſée de Caton.

* *Les amateurs de l'Antiquité.*

X

nat, où il avoit aſſiſté, inventa pour ſa défaite, qu'on avoit ar-rété de donner pluſieurs femmes à chaque mary. Elle l'alla dire auſſi-toſt à ſes voiſines, pour prendre des meſures avec elles; & toute la Ville le ſçût au bout d'une demie-heure. Je voudrois bien ſçavoir, ce que feroit un pauvre mary, ſi dans un Etat où les femmes feroient les Maîtreſ-ſes, comme dans celuy des Ama-zones, on luy venoit rapporter, qu'il auroit eſté reſolu au Con-ſeil, de donner à chaque homme un compagnon: Sans doute qu'il n'en diroit mot.

VOILA quelques-unes des grandes & ſublimes penſées, que ceux que les ſçavans étudient comme des Oracles, ont euës ſur le ſujet du beau Sexe: Et ce qu'il y a de plaiſant, & de bizarre tout enſemble, c'eſt que des gens

graves fe fervent ferieufement, de
ce que ces fameux Anciens n'ont
dit fouvent que par raillerie. Tant
il eft vray ; que les préjugez &
la préoccupation font faire de
bevuës à ceux mémes, qui paf-
fent pour les plus raifonnables,
les plus judicieux, & les plus
fages.

F I N.

AVERTISSEMENT.

LES plus fortes Objec-
tions qu'on nous peut
faire, se tirent de l'Authorité des grands hommes, & de
l'Ecriture-sainte. Pour ce qui
est des premieres, on croit y
satisfaire suffisamment, en
disant qu'on ne reconnoist
point icy d'autre Authorité,
que celle de la Raison & du
bon Sens.

Pour ce qui regarde l'E-
criture, elle n'est contraire en
aucune façon, au dessein de
cét Ouvrage, si l'on prend
bien l'un & l'autre. On pré-

AVERTISSEMENT.

tend icy qu'il y a une égalité
entiere entre les deux Sexes,
considerez indépendemment
de la Coûtume, qui met souvent ceux qui ont plus d'Esprit & de merite, dans la dépendance des autres. Et l'E-
criture ne dit pas un mot d'I-
négalité ; & comme elle n'est
que pour servir de regle aux
hommes dans leur conduite,
selon les idées qu'elle donne de
la Iustice ; elle laisse à chacun la liberté de juger comme
il peut de l'état naturel &
véritable des choses. Et si
l'on y prend garde, toutes
les Objections qu'on en tire,
ne sont que des Sophismes de
préjugé, par lesquels tantost

AVERTISSEMENT.

on entend de toutes les Femmes, des paſſages qui ne conviennent qu'à quelques-unes en particulier ; tantoſt on rejette ſur la nature ce qui ne vient que de l'Education ou de la Coûtume, & ce qu'ont dit les Autheurs Sacrez par rapport aux Vſages de leurs temps.

Extrait du Privilege du Roy.

PAR Lettres Patentes de sa Majesté, données à Paris le sixiéme Juillet 1673. Signées par le Roy en son Conseil, DESVIEUX. Il est permis au Sieur P. de faire imprimer un Livre intitulé, *Discours Physique & Moral de l'Egalité des deux Sexes, où l'on voit l'importance de se défaire des préjugez*, durant le temps & espace de dix années, à compter du jour que le Livre sera achevé d'imprimer : & deffenses sont faites à tous Libraires & autres personnes de l'imprimer ou faire imprimer, à peine de mil livres d'amande, de confiscation des Exemplaires, & de tous dépens, dommages & interefts, comme il eft plus au long porté par lefdites Lettres.

Regiftré fur le Livre de la Communauté des Libraires & Imprimeurs le 26. Iuillet 1673. Signé THIERRY, Syndic.

Ledit Sieur P. a cedé le droit du prefent Privilege à JEAN DU PUIS Libraire de Paris, fuivant l'accord fait entr'eux.

Achevé d'imprimer pour la premiere fois le premier jour d'Aouft 1673.

Les Exemplaires ont efté fournis au defir du Privilege.

Contraste insuffisant

NF Z 43-120-14

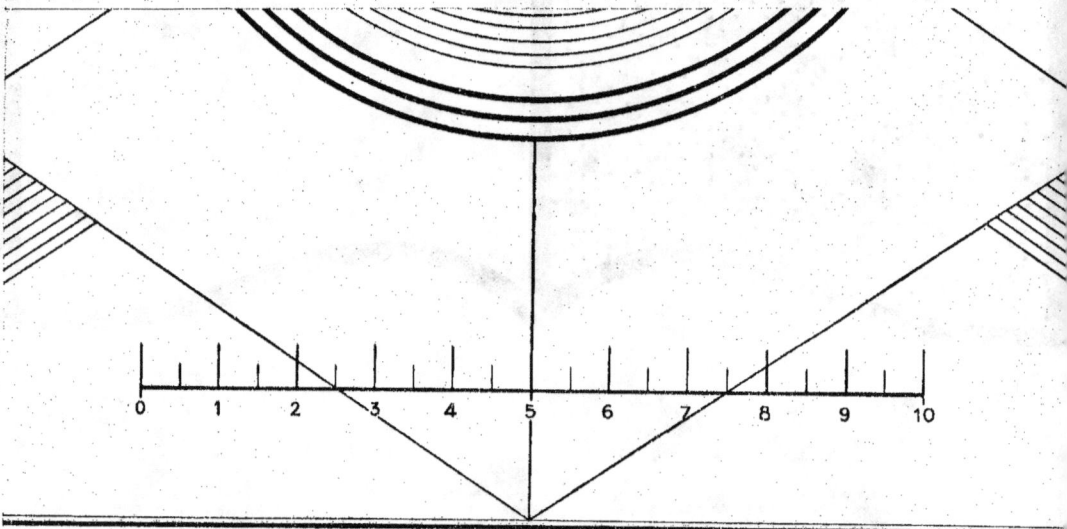

SERVICE PHOTOGRAPHIQUE